世界哲學史 3

中世 I 超越と普遍に向けて

世界哲学史 3

中世紀篇（I）
中世紀哲學的革命：超越與普遍

伊藤邦武／山內志朗／中島隆博／納富信留 主編
鄭天恩 翻譯
山村奨 監譯

目次

contents

PROLOGUE

前言

納富信留

至今為止，「哲學史」多以西方為核心，涵蓋範圍自古希臘、羅馬時代起，持續至現代的歐洲與北美，而其他地區與傳統則往往被排除在討論之外。換言之，「哲學」（philosophy）一詞常被默認為西方哲學的專有領域，而印度、中國、伊斯蘭等強大的哲學傳統則多被歸為「思想」來區分。除了上述地區之外，拉丁美洲、俄羅斯、非洲、東南亞以及日本等地的哲學幾乎未曾進入主流哲學史的視野。

然而，當今的世界早已超越了西方文明的框架，邁向多元價值與各種傳統交織融合的新時代。在這個背景下，當前的環境問題、宇宙問題等，皆需我們從全球視角重新思考。回顧哲學的歷史，探索古代文明中誕生的諸多哲學傳統，思考各大帝國的發展進程與文化傳統的形塑，並探討近代社會與科學的興起，世界的全球化進程及其伴隨的紛爭等，或許還能為未來的發展預見某些可能性。我們身處的正是這樣一個宏大的「世界」。

「世界哲學」（World Philosophy）並不僅僅是將各地區的哲學成果拼湊起來，而是試圖以「世界」的視角來重新審視哲學。從人類與地球這樣廣闊的維度，並結合過去、現在與未來的時間流動，我們得以再次檢討自身的傳統，探索人類智慧的可能性。作為亞洲的一部分且融合了西方文明的日本，若能以此為起點，思索並發聲於「世界哲學史」中，必將對全球哲學史產生重要影響。

「世界哲學史」系列共計九冊，從古至今，俯瞰哲學的發展歷程，透過呈現不同時代的特徵主題，橫向比較同一時代中各種傳統的互動與影響。當中不僅考量哲學各領域之間的重疊與相互影響，也納入科學、宗教、經濟等要素，嘗試以一種動態的知識視角來重構哲學史。我們透過檢視全球範圍內哲學傳統的演變，或許能更清楚地理解自身的文化位置，並從中獲得應對未來挑戰的啟示。

承繼第一冊《哲學的起源：從智慧到愛智》，探討了西元前八至二世紀間，人類如何創立並發展出「哲學」這一思想體系，以及第二冊《世界哲學的誕生：建立與發展》。本冊《中世紀哲學的革命：超越與普遍》聚焦於西元七至十二世紀的哲學發展。以新的視野重新建構人類知性的發展，這便是「世界哲學史」叢書的嘗試。

CHAPTER

one

第一章

邁向普遍與超越的知識

山內志朗

普遍と超越への知

一、中世紀的時代

何謂「中世紀」？

當我們思考中世紀哲學時，首先最重要的是警惕「中世紀」這個概念。之所以如此，是因為「中世紀」（拉丁語：medium aevum）這個詞彙原本隱含著強烈的偏見。所謂「中世紀」的含義，指的是位於希臘羅馬古典時代與文藝復興——即復興古典精神的時代——之間的「中間」時期，被認為是文化中斷的階段。

此外，「中世紀」這一概念還表現出另一層意圖，那便是從文藝復興與宗教改革之後的視角出發，將近世的世界定位為古典世界的新生。在這種框架下，「中世紀」成了這段過渡時期的統稱，隱含著貶抑的價值判斷。即便如此，「中世紀」依然是被普遍接受的既定概念，因此在沒有其他更合適的時代劃分之前，我們仍然沿用這樣的分期方式。

精確界定中世紀的起點與終點，其實是細枝末節的問題。然而，如果不能對「中世紀」這個概念做出準確的理解，就無法確定其具體的時間範圍。因此，有人主張「中世紀」這一名稱應僅限於西方世界使用，但這種看法過於狹隘，並且背離了「世界哲學」的視野。

印度、中國或日本，是否適用「中世紀」的概念，這是一個值得探討的問題。然而，若不侷限於各地思想變遷的區域性劃分，而將十三世紀視為世界體系開始形成、向「近世」過渡的起點，那麼在伊斯蘭世界和東亞地區，我們也能找到與歐洲中世紀相對應的時代劃分。本書主要討論的時段，便是自七世紀到十二世紀，即中世紀的前半部分。

那麼，從古代末期到中世紀初期的這段變遷期，究竟是怎樣的時代呢？在歐洲，這是古典地中海文化越過阿爾卑斯山，進入日耳曼世界並開始獨立發展的時期。

在阿拉伯世界，伊斯蘭的興起不僅限於阿拉伯半島，還迅速擴展至北非、西班牙和中亞等地。在中國，隋唐的黃金時代降臨，隨後經歷分裂，再由宋朝統一。在印度，龍樹等思想家引領了高度的形上學發展；即便在日本，也有如空海這樣以宇宙為尺度展開形上學思考的思想家出現。一個文化不再侷限於特定地區的時代已經來臨。

這一時期，正如我們在七世紀的伊斯蘭帝國、後來的塞爾柱土耳其帝國與蒙古帝國的發展中所見，是一個透過大規模民族遷徙與入侵推動世界發展的時代，也是「世界體系」開始成形的時期。

世界的交流不僅限於政治、經濟和軍事領域，在哲學上也展開了廣泛的交流。希臘哲學經由敘利亞傳至巴格達，在那裡被翻譯成阿拉伯語，並被研究與保存，成為十二世紀以後回流歐洲的思想源泉；這標誌著希臘文化向東傳播。而起源於印度的佛教，則隨著唐代的玄奘赴印度求法，帶回大量經典，並將其翻譯為漢語，為東亞思想與文化寶庫奠定了深厚的基礎。這些漢譯佛典傳入日本後，更成為日本精神文化的基石，這一點無論如何強調都不為過。

繼承古代文化的中世紀

古代文化是文化的基本型態，標誌著古典文獻的積累時期。在希臘和羅馬，不論是聖經、古蘭經、佛典，還是四書五經，都是在這一時期創作的，至今仍被視為古典文獻。因此，這一時期又被稱為「古典古代」，正是文化基本型態完成的階段。隨後出現的中世紀，則並未創造新的古典，而是專注於繼承古典，並持續積累對其的註解（commentary），這成為其顯著的普遍特徵。

關於伊斯蘭、印度、中國和日本的中世紀發展，在本書第六章、第八章、第九章和第十章中有詳細描述。在此，我們將以西方的發展為中心，考察中世紀在「世界哲學」中的定位。

古代希臘在為伊斯蘭世界建立文化基礎的同時，這些被阿拉伯世界承繼的希臘哲學，亦在十二世紀後回流至西方，成為促進西方文化復興的重要轉機。

在古代與中世紀之間，作為西方與伊斯蘭世界共同文化基礎的正是希臘哲學，尤其是亞里斯多德的學說。這一現象具有決定性的意義。當然，柏拉圖、歐幾里得、蓋倫、普羅提諾等哲學家對伊斯蘭世界也有著深遠的影響，但在「知識系統」（Episteme）的傳承中，亞里斯多德仍然是核心。

將希臘語翻譯為敘利亞語和阿拉伯語也是一項重要的工作。在巴格達，亞里斯多德的著作被從希臘語和敘利亞語翻譯成阿拉伯語；而這些阿拉伯語文獻在十二世紀後傳至西班牙的托雷多，並被仔細翻譯成拉丁語，最終廣泛流傳至整個西歐。如果翻譯技術足夠高超，本應可以直接翻譯原典，但當時卻是以多種語言為媒介來加以重譯，這凸顯了翻譯工作的困難。

直到十二世紀，學術主要在修道院及其附屬學校中繼承發展。自十三世紀起，亞里斯多德的學術開始受到重視，成為中世紀哲學的重要主軸。在這一時期成立的大學（如巴黎、牛津、波隆那等）中，學生在專業教育之前的博雅教育階段，必須廣泛研讀亞里斯多德的著作。由此可見，亞里斯多德已成為中世紀思想的基礎。統稱為「工具論」的邏輯學著作（《範疇篇》、《解釋篇》、《前分析篇》、《後分析篇》、《辯謬篇》等），以及《形上學》、《物理學》、《靈魂論》，都被列為必修的基礎科目。

既然大學必須傳授亞里斯多德的著作，自然會產生大量的註解書。因此，直到近代，對亞里斯多德的註解工作持續不斷。在修習完博雅教育後，學生會進入法學院、神學院或醫學院繼續深造，逐漸　離亞里斯多德的學說。在神學院裡，講授的是彼得・隆巴（Peter Lombard, 1095/1110-1160）的《四部語錄》（*Libri Quattuor Sententiarum*）與聖經；授業的形式，則是採說明與註解為之。

「註解」是西方中世紀的核心工作；同樣地，在印度、中國、日本和伊斯蘭，註解工作也具有關鍵意義。「註解」這一思考形式，不僅是傳遞思想的媒介，更強調思想的原本形式。在這種形式下，「世界哲學史」的大部分內容得以展開。

當然，僅僅依靠「註解」的歷史並不足以構成完整的思想史，但即使在中國、日本、印度和伊斯蘭，註解仍然作為一種基本的思考形式，展現出其典範的價值。

二、所謂「超越」

中世紀附加於「古代」的產物

中世紀並非一個空白的時代，而是繼承與發展古典思想的時期。同時，中世紀也對古代未曾涉及的論點作出補充闡述；例如「超越」（transcendence）概念的出現，就是一個明顯的例證。

在探索中世紀時，不論針對哪個地區，基督教、伊斯蘭教、佛教、儒教等宗教都是世界觀的基礎。這些宗教約束著人類的思考，直到近代理性主義的興起才得以突破。然而，這樣的看法顯然是片面的，因為直到十七世紀，思想的中心仍以宗教為根本；文化中心轉向世俗事物的過程，實際上要等到十九世紀。

從世界的結構來看，中世紀也塑造出獨特的視野。這種視野從外部捕捉世界與人類，體現了「超越」的論點。「超越」與一神教密切相關，但並非其固有特質。儘管有些觀點將世界視為與人隔絕的、無法理解的超越者的關係，現實利益的視野仍然將「神」束縛在現世之中。

若將超越者的形象限制為「神」，那麼這樣的「神」便難以與多神教世界中的眾神建立聯繫。更何況，將多神教世界中某些特殊存在者賦予「超越者」的名號也是相當有問題的。因為在自然宗教與原始宗教中，「神聖事物」並非超越的存在。這些神聖事物通常侷限於特定場所，作為一族的守護神，寄宿於自然物或神像之中，甚至附身於人身上。因此，「神聖的事物」並不代表超越，而是內在的神性。

猶太教開創了一神教這一極具特異性的宗教形態。在這種前所未有的一神教形態中，「超越之神」正式登場。具備「超越」特質的一神教被基督教與伊斯蘭教承襲，並占據了世界宗教的大部分地位；可以說，全球近一半的人口信仰一神教。

在希臘哲學中，柏拉圖的理型論曾一度引發「超越」的契機，但隨後亞里斯多德基於「材質形相論」的思想中，對於「超越」的探討並不多。即使以普羅提諾的「流出論」為基礎，超越與內在也不是彼此對立的兩種論點，而是透過某種媒介結合在一起的存在。

就像普羅提諾的著作是為了反駁基督教異端諾斯底派（Gnosticism）而撰寫的，古代末期是源自希臘的希臘化主義，與猶太教和基督教中隨處可見的希伯來主義（Hebraism）相互融合、並加以整理的時期。

往返與旅行的時代

當然，所謂的「超越」問題不僅僅涉及隔絕，還包括從一者的發出與回歸，即「往返」的問題。超越與往返，其實是一體兩面的問題。

結合「往返」這一概念的，是「旅行」這一意象。因此，可以說中世紀的人類本質上就是「旅人」（viator）；而生活在現世的人們，作為離開天上故鄉的存在，在神學著作中也都被稱為「旅人」。

自十二世紀以來，眾多商人和工匠開始遊歷各地；而在普通百姓中，因崇敬聖人和朝聖而踏上旅途的人也日益增多。

這一現象反映了整個世界的樣貌。我們都是巡禮者，行走在道路上的旅人，遠離天上的故鄉，離開自己的家鄉，身處不自由的狀態。進入近世後，人們步入大航海時代，成為乘船航行世界的航海者。然而，在中世紀，無論是交通還是人們在世上的地位，皆只是旅人的時代。

缺乏衣食住處，身體虛弱且需要醫治，彼此互助才能生存，這正是旅人的寫照。在中世紀，人們並不存在透過理性與自我意識將自己置於世界中心的想法。

旅人是那些身處現世，擁有脆弱肉體與精神的人。例如，鄧斯・司各脫（Duns Scotus, 1265/66–1308）對存在的唯一性問題的設定，就是透過「旅人（人類）的知性」（intellectus viatoris）來探討「神是否能被自然地認識」的問題。

在中世紀，神有時被描繪為隔絕的存在，如同在否定神學中所表現的那樣，但基本上，如「聖父」這一表達所示，天國被視為故鄉，而現世被視為旅程的架構非常普遍。神並不是與世隔絕的超越者；然而，作為在天之存在，並不存在能夠完全掌握神的現世存在。

神並非絕對的超越，也不是現世的內在，而是同時具備超越與內在特質的存在；這種一體兩面的性質由教會來管理。人們與神的雙重關係在每個人的自由中得以傳承，但自十二世紀起，各種異端逐漸流傳，最終與近世的宗教改革相結合。這一點與唯名論的關聯，將在《世界哲學史》第五冊中展開。

聖靈論的架構

超越與內在的契機，實際上與人類的精神結構密切相關。在古希臘，人類精神結構的基本原理是「psyche」（靈魂），它具有個體性，無論生前還是死後，都被認為保有「自我同一性」。然而，基督教所認知的基本原理則是「pneuma」（普紐瑪／聖靈）；普紐瑪並非個體性的存在，而是彼此相關的存在，與「羈絆」、「愛」相互重疊的概念。神與耶穌、神與人、人與人、神與作為媒介的天使，教會的統一原理，聖母瑪利亞受胎的原理……普紐瑪實際上具備了多樣的功能。

希臘哲學的核心由靈魂（psyche）與實體（ousia）構成；相對於此，在基督教中，則由普紐瑪（聖靈）與聖愛（agape，拉丁語稱為caritas）共同構成基督教神學的核心。

希臘哲學以實體概念為基礎，認為屬性、性質、樣貌等事物皆屬於一個單一意義的實體。情念（pathos）涵蓋了「被動、情感、苦難、受難」四種意義，形成了西方情念論的基礎。對於古代斯多葛派而言，情念是由錯誤認知所產生的「生病、逃離狀態」，必須透過對認知的修正來獲得解放。情念被視為「靈魂」這一思維的實體樣貌，同時也是思維這一基本原理的逃離狀態。

相對於斯多葛派的靈魂論及情念論，希波的奧斯定（Augustine of Hippo, 354-430）的心理學結構截然不同，對中世紀產生了深遠的影響。在奧斯定的論述中，人類精神的記憶、理性與意志分別對應聖父、聖子和聖靈，因此在人體內部，也呈現出類似聖神三位一體的姿態。這一視角成為連結並闡釋超越與內在這兩個核心契機的重要框架。

為了從嶄新角度觀看中世紀

中世紀僅僅是神學的時代嗎？如果說古典時代是蓄積的時期，那麼中世紀可以被視為傳遞與交換的時代。因此，對於世界哲學而言，若「哲學」被理解為「單一且獨一無二」，那麼這將對哲學的整體性構成威脅。所有的哲學都各自擁有其無限性；更準確地說，「哲學」的目的是否真的是探求「普遍性的原理」，這本身也可能是一個重大問題。

彼得．隆巴的《四部語錄》及其註解，構成了中世紀哲學的基礎，涵蓋了各種概念的聚集與整理，並包含了論辯的整合、介紹與批評。在這些討論中，並未出現非理性的論辯，而是以錯綜複雜卻極為合理的方式展開。將知識以正確的方式理解並接受，並以再利用的形式加以保存，這正是中世紀的使命。這種傳遞的形式，正是大學所傳授的知識，而這種文化形式在新媒體與技術普及之前，都是決定性的知識形態。

從某種意義上來看，中世紀是一個翻譯和註解的時代。相較於建構獨特的思想體系，它常被視為吸納與繼承，而非思想生產的時期。然而，如果將哲學理解為「透過理性與知性追究普遍原理」，那麼相較於對過去思想的繼承、吸納與累積，則會浮現出一種具備生產性和能動性的意象。

在人類歷史上，文明社會的成立往往集中於大陸的中心地帶；相對而言，中世紀展現了「世界體系的成立」，並在文明世界的兩端——即西北歐與日本，出現了文化的發展。這是一個文化在全球範圍內流動的時代。日本與中國、西歐則與拜占庭等複合文明社會相鄰，受到強烈的影響。在這一時期，人類作為「旅人」的身分，正展現了中世紀文明的基本樣貌。

存在於封閉文明社會中的知識與文化，跨越原有的界限，向外部流出，從而獲得獨特性並實現全新的發展，這正是中世紀的特徵；而它抵達大陸的西端與東端，繁榮與成長的過程，正是「世界哲學史」應該描繪的圖景。相較於以固定實體為基礎的西方古代，中世紀無論是基督教、伊斯蘭教還是佛教，都是以世界的流動性和潮流為中心來理解事物。

普遍性並不僅僅像民族大遷徙那樣，透過移動與侵入來擴大。在考慮文化形式時，如果缺乏接納、再生產和擴大生產的機制，這種狀態便無法持續。中世紀的普遍性並非如命題的述語般不變永恆，而是持續發展的存在。

三、名為「普遍」[1]的視角

所謂「普遍性」

有人認為，「超越」的概念是使哲學架構難以深入理解的主要原因。然而，這只是表面現象。事實上，由普遍性契機所帶來的事物，已清晰地展現了「超越」在哲學中的定位。

隨著一神教的成立，作為超越者的神的形象變得可能。在多神教時代，神與人之間存在著可能的競爭與對立關係，但隨著一神教的興起，神人之間的距離隨之隔絕，並帶有超越者的特質。

1 譯註：日文的「普遍」，對應的西方哲學術語即「universal」，隨著不同的語意脈絡，中文可翻譯為「普世性」或「共相」。本叢書保留原來的日文譯法。

在多神教時代，眾神位於接近人間的地方，對於祭祀的信徒來說，這些神是親近的，並且會守護特定的人群。然而，隨著神的「超越」，神也逐漸遠離了人間，與所有人保持等距離，形成一種整體的狀態。

超越神的成立與普世性宗教的創始彼此吻合，這並非偶然。猶太教從救贖特定的猶太人階層，擴展至猶太人貴族、中產階級、下層民眾、被歧視者，甚至異民族。神的超越化指的是神無處不在的普遍性質。神的「超越」不僅僅是帶來神的疏遠與隔絕。

中世紀哲學因「普遍」的概念而獲得規範，這是事實。然而，作為亞里斯多德邏輯學基礎概念的「普遍」，在中世紀呈現出各式各樣的發展，進一步彰顯了「普遍」概念的重要性。另一方面，波菲利（Porphyrios）在《導論》（*Isagoge*）中提出的問題，即「普遍究竟存在於事物之中，還是僅存在於知性之中」，未受到重視，但卻引發了關於普遍性的論爭，並成為中世紀熱烈討論的主題，這一點值得深切關注。

跨越實體論

在希臘，核心的哲學概念是「實體」及其持續存在的方式，即「存在」（einai）。當然，即使是亞里斯多德，也承認存在著「現實性」（energeia）這種具備動力的原理，但基本上仍然偏向靜態的事物。構成實體論的重要契機在於所謂的「內屬性」，即將性質與狀態歸屬於同一實體的方式來理解。

即便作為精神原理的「靈魂」，也寄宿於各個個體之中；相對於對個別性原理的重視，在中世紀則將聖靈，或伊斯蘭所謂的「靈」（ruh），視為更基本的原理來考量。

古代的中心架構是實體論，而中世紀的基本架構雖仍保留實體論的元素，但更重視關係性與流動性。聖靈（希臘語稱為普紐瑪、希伯來語稱為魯阿巴）意指「氣息」或「風」。聖靈常以羈絆或愛的形式來闡釋，但「傳達」這一原理仍占據了中心地位。此外，中世紀的聖靈主義引發了末世論的歷史觀、對現實教會的批判，甚至影響了貨幣價值的變更，成為促進社會變革的思想力量。

聖靈是兼具超越與內在的重要概念。古代哲學以亞里斯多德為中心，強調靈魂與實體，而中世紀則將「靈」這一集合的流動原理視為主導；而這種情況並不僅限於西方。

從媒體的角度來看中世紀

麥克魯漢（Herbert McLuhan, 1911-1980）對印刷術和現代社會感到排斥與嫌惡。十六世紀，正值宗教改革和活字印刷術興起的時代，也是分裂、崩解與衰退的時期。身為天主教徒的麥克魯漢，將印刷術這種近代媒介與宗教改革的可能性相互聯繫地看待。

中世紀是「口傳文化」（orality，又稱「聲音文化」）的時代。而現代的電子媒體時代，與其說是「文字文化」（literacy），不如說是「口傳文化」的延續，實際上是中世紀的再現。

麥克魯漢認為，透過古騰堡的技術，「讓感覺變得赤裸，誕生出觸覺共感的感知互動，卻受到了阻礙」。這一現象日益顯著。換言之，這是一種「中世紀人們遭受剝奪、變得赤裸的過程」。

聲音文化是一種非言語溝通（analog communication）；具體而言，這是透過姿勢、肢體動作、臉部表情、聲音的抑揚頓挫、話語的順序與韻律等多層次的溝通管道來實現的。具有口誦性、觸覺性、共感性、共時性和多元性的多層次溝通管道，是相當普遍的。根據麥克魯漢的說法，中世紀是觸知性、聽覺空間、右腦文化和共時性主導的時代。

麥克魯漢將現代視為「在電子媒體下統合的世界」，但他從「各種事物同時存在」的角度看待世界，並認為這一點與中世紀是相通的。這是一個各種感覺相互統合的時代。在媒體論中，「字句叫人死，聖靈叫人活」（《哥林多後書》三：六）這樣的說法，意指如果將文字一字不漏地解讀，反而會使反理性主義的思想正當化；然而，若有作為媒體的「聖靈」，則能成為推動思想的原動力，這樣的聖靈即是「事實」。不透過文字這種間接媒介，我們或許能藉由聖靈實現無媒介的溝通；麥克魯漢的理想對語言論的思想產生了深遠影響。

在此提出麥克魯漢的媒體論，其實隱含著這樣的暗示：儘管是古老的環境，中世紀的媒體論架構並未停留在過去的缺陷之中，而聖靈論也不僅僅是古時的迷信思考。

「世界哲學」是什麼？

世界哲學並非從整體性的視野出發，將哲學彙整成單一的概念規範。相反，只有在多樣性中，動態地捕捉各種哲學，才能稱之為「世界哲學」。從這一意義來看中世紀，尤其是十二世紀，可以說是「世界哲學」開始形成的時期。

曾經有一段時間，「西歐」本身就被視為普遍性的象徵。西歐代表著科學技術的力量和民主主義的正義。對於非西歐世界而言，「西歐化」便是獲取力量與正義的過程，而這無疑就是近代化的體現。然而，西歐卻利用這些力量和正義來進行殖民，最終導致了二十世紀的重大混亂。末木文美士的以下話語更是意味深長：

「西歐＝普遍」的觀念逐漸成為常識的過程，同時也隨著對此觀念的質疑與瓦解。對於非西歐世界而言，為了避免被西歐生吞活剝，必須以某種形式提出「非西歐」或「反西歐」的主張。在這種情況下，他們只能選擇將超越西歐的普遍性拉回到自己這一方，或者主張不被普遍所包含的特殊性。（末木文美士、中島隆博編，《非西歐的視角》大明堂，二〇〇一年，末木的序言）

所謂的「世界哲學」，就像是一個中心隨處可見而圓周無所不在的無限球體。既然每一種哲學都具備無限性，並擁有無法被普遍性所吸收的特異性，在邊緣地區呼喊世界性，真的能產生新的普遍性嗎？

如果普遍性是用來吸收和抹消特異性，那麼當普遍性主張整體性時，便會轉變為暴力。在這種情況下，選擇相對主義或許能開辟出一條實現非暴力普遍性的道路。哲學是一種探索真與善等基本課題的活動，旨在研究其可能性條件，包括構成概念、形式和充分條件。因此，哲學並非僅源於希臘。儘管「哲學」這一詞源自希臘，但其思考遍佈全球。認為只有西方才算是哲學的觀點過於狹隘。因此，「世界哲學」這一概念在當今尤為重要，它應該包容非洲和南美的邊陲思想。在邊陲地區持續發聲也是一種新的途徑。我們所追求的是不受西歐一元論還原的「世界哲學」，而這其中所包含的邊陲思想群，正是中世紀哲學的核心。

延伸閱讀

小林康夫、中島隆博，《解放日本》（東京大學出版會，二〇一九年）——從「言」、「身」、「心」等視角，縱橫古今論述日本思想的爽快作品；本書將空海、荻生徂徠、本居宣長、夏目漱石、丸山真男等日本哲學的譜系，鮮明地描繪出來。

坂口富美，《「個」的誕生》（岩波書店，一九九六年）——神與人、普遍與個別、男與女……世界是由各式各樣的範疇（category）所組成。這本名著描繪了這些範疇如何在人心中落地生根，又是歷經怎樣的苦痛與淚水，在歷史中生成的場面。本書生動敘述了基督教建立基本概念，如何形成思想史上的複雜性。

中畑正志，《魂的變貌：心之基礎概念的歷史構成》（岩波書店，二〇一一年）——描繪出「客體」（object）這個哲學基本概念在歷史上的變化，並環繞這一點，呈現出古代、中世紀、近世產生巨大變化狀態的名著。在回溯中世紀本體論的變遷上，也可以提供很大的啟示。

西平直，《生命週期（Life Cycle）的哲學》（東京大學出版會，二〇一九年）——將東洋的修行論、西方的認同論、與鈴木大拙和江戶時代盤珪禪師的思想，統整為一幅畫面。在對比東洋與西方思考的同時，也會讓人沉浸在一種彷彿對知性「喝」地一聲，加以錘鍊的氛圍中。

CHAPTER

two

第二章

東方神學的譜系

袴田玲

東方神学の系譜

一、拜占庭帝國的哲學與神學定位

序論

東方神學是指相對於以西歐為中心發展的「西方」基督教（如天主教和新教），圍繞在東羅馬帝國或稱「拜占庭帝國」地區發展的「東方」基督教的神學與思想總體。關於早期活躍的東方教父（希臘教父）的思索及其背景，在本系列第二冊的第九章已有詳細論述；本章則將重點放在歷史上更傾向於稱之為拜占庭帝國的時期（約七世紀以後）。

話雖如此，在東西羅馬帝國分裂後，儘管東羅馬帝國直到被鄂圖曼帝國滅亡之前，存活了長達千年之久，但日本對拜占庭帝國的關注仍然相當稀薄；而對當地基督教神學和思想等知識的運作，讀者也幾乎未曾考慮過。然而，在哲學與神學的歷史中，拜占庭帝國的角色絕對不可忽視。特別是作為該帝國國教的基督教，即「拜占庭正教」——在東正教中，特別指拜占庭時代的基督教——其發展出極為豐富的思想、實踐與美術，並成為當今在斯拉夫各國、東歐、巴爾幹等地擁有大量信徒的正教（如俄羅斯正教、羅馬尼亞正教、希臘正教等）之母體。本章將以拜占庭正教的思想為中心，試圖回溯東方神學的譜系。

「基督教化希臘人的羅馬帝國」

拜占庭帝國的人們生活在極為複雜的認同之中。這是因為他們自視為羅馬帝國的正統繼承者，延續了羅馬的制度與法律，並持續自稱為「羅馬人」。然而，從人種的角度來看，他們多屬希臘人，所使用的語言也是希臘語——自七世紀起，帝國的通用語從拉丁語改為希臘語。因此，他們在自覺或不自覺中繼承了古希臘的文學與學問，宗教上則信奉基督教。換言之，從整體來看，儘管他們在國家的基本制度與法律上深受羅馬帝國的影響，但在文化上則廣泛且深刻地受到古希臘和基督教的滲透，這為拜占庭帝國的基礎構建了重要的支撐。

不僅如此，這三個要素之間的折衷方式以及哪個要素會更為突出，會因時代和人物而有所不同。一般而言，在拜占庭帝國中，「希臘人」（Hellenes）這個詞通常帶有「（基督教之前的）異教徒」的否定意味。然而，在以十世紀為頂峰的馬其頓王朝文藝復興和帝國末期的巴列奧略王朝（Palaiologos）文藝復興時期，對古希臘文學和學術的興趣增強，出現了對自己作為古希臘文化繼承者有著強烈自覺的人們。特別是在西元一二〇四年、第四次十字軍建立拉丁帝國後，作為帝都的「第二羅馬」君士坦丁堡被奪走，拜占庭帝國的人們紛紛放棄身為「羅馬人」的身分，積極自稱「希臘人」。在接觸拜占庭思想家的文本時，考量他們的複雜身分認同是必要的；但正因如此，解讀他們的思想雖有趣，卻也相當困難。例如，在某位拜占庭思想家的文本中，我們可以辨認出對希臘古代典籍的引用。這種引用雖可能只是來自當時的慣用表達與普遍教養，並不具特別深刻的意義，但也有可能反映出思想家本人對古希臘的憧憬，或是自認為其後繼者的有意選擇。甚至更有可能的是，這些引用偏離了古典時期的用法，而與基督教的意義相互交織。

拜占庭帝國的古希臘哲學傳統

接下來，讓我們從古希臘哲學與基督教神學之間的關係這一角度，進一步探討拜占庭人民的身分認同與思想背景這一複雜的問題。

在單一線性時間的概念下，基督教主張神從無中創造萬物，以及「道成肉身」的教義，與柏拉圖、亞里斯多德等古希臘哲學家從永恆視角探討世界與人類起源的傳統，經常產生激烈的對立。在拜占庭帝國以基督教為國教的背景下，西元五二九年，查士丁尼皇帝下令關閉柏拉圖學院，並焚毀那些與基督教教義相悖的哲學著作。如前所述，「希臘人」這一詞彙帶有「（基督教以前的）異教徒」或「異教哲學」的負面含義。乍看之下，拜占庭人民似乎已經拋棄了自己祖先的哲學傳統。

然而，事實並非如此單純。即使基督教的世界觀已深入滲透拜占庭帝國，古希臘的文學和學問依然在教育場域中作為一般教養被教授。帝國大學除了開設修辭學、幾何學、天文學的課程外，還設有哲學講座，從而使希臘哲學以「世俗學問」的形式繼續存在。這種狀況可以從新柏拉圖主義者波菲利的《反對基督徒》（*Against the Christians*）引發激烈爭論，最終被教會當局焚毀的事件中窺見一斑。然而，另一方面，他的《導論》（*Isagoge*）卻在世俗教育的場域內，作為亞里斯多德哲學的入門書廣泛使用，顯示了希臘哲學的影響力在拜占庭仍然存在。

此外，如前所述，在馬其頓王朝文藝復興和巴列奧略王朝文藝復興期間，出現了許多對古希臘文化復興充滿熱情的人。佛提烏（Photios, 820-897）在擔任帝國大學的哲學教授後，成為君士坦丁堡的總主教。他因為對聖靈所出的「和子說」（Filioque，即天主教在後來附加於尼西亞信經的拉丁語句子「孩子也⋯⋯」）問題而引發東西教會的對立。然而，在他留下的古希臘著作目錄《群書摘要》（*Bibliotheca*）中，仍能看到揚布里科斯（Iamblichos）和普羅克洛（Proclus）的名字（關於該書，詳情可參考本冊專欄四）。佛提烏的弟子——阿雷塔斯（Arethas, ca. 860-932），以主編現今作為柏拉圖原典之一的抄本（Codex Clarkianus）而聞名。十一世紀的拜占庭帝國代表性知識分子普塞洛斯（Psellos, ca. 1018-1081），雖然被教會指責為異端，仍然熱中於柏拉圖的研究；他的龐大著作中也包含了對《蒂邁歐篇》和《迦勒底神諭》的註解。此外，隨後擔任帝國大學哲學主任教授的伊塔盧斯（Italos, ca. 1025-1082）也對柏拉圖、亞里斯多德、波菲利、揚布里科斯和普羅克洛等人的著作加以解釋。然而，隨著王朝更替和宗教政策的收緊，伊塔盧斯因對古希臘的嚮往被視為危險人物，最終遭到開除教籍的懲罰。

在拜占庭帝國末期，有一位依賴柏拉圖及柏拉圖主義者而獨立建構思想的卜列東（Plethon,

ca. 1360-1452）。他毫不避諱地聲稱「我們在種族和文化上都是希臘人」，並在東西基督教會合併討論的佛羅倫斯大公會議（一四三八－三九）上受到當地人文主義者的歡迎。卜列東在與他們的對話中撰寫了《亞里斯多德與柏拉圖之差異》（*De Platonicae atque Aristotelicae Philosophiae differentia*），這一作品對於傾向亞里斯多德的西歐產生了很大的影響。據說，他的柏拉圖講義使科西莫・德・美第奇（Cosimo di Giovanni de' Medici, 1389-1464）產生了創立柏拉圖學院的構想。科西莫・德・美第奇從君士坦丁堡帶回的抄本被製作和複製，提供給費奇諾（Ficino, 1433-1499），促成了柏拉圖全集以及普羅提諾《九章集》拉丁語譯本的完成，對西歐思想史產生了深遠影響。卜列東也留下了對《迦勒底神諭》的註解；他的最後著作《法律》是一部結合新柏拉圖主義世界觀與奧林匹亞神明信仰的特殊作品，但在他去世後遭到教會當局焚毀。在卜列東的指導下，貝薩里翁（Bessarion, 1403-1472）在拜占庭帝國滅亡時蒐集抄本，並對保存古希臘文化及其引入西歐作出了重要貢獻。

東方神學與希臘哲學

另一方面，許多東方的神學家，特別是修士，對這種復興古希臘文化的氛圍感到不滿。他們對都市知識分子階級中普遍流行的人文主義傾向，以及其對基督教信仰的輕視和侵犯，深感警戒。對於東方的神學家和修士而言，唯一的真理就是耶穌基督的話語。儘管他們認同古希臘哲學在世俗學問中的實用性，但要讓其光明正大地進入「我等學問」神學領域，則被視為禁忌。因此，除了像大馬士革的聖約翰（Iohannes Damascenus, ca. 650-750）等極少數例外，在拜占庭正教中幾乎看不到積極將哲學納入神學的情況。

然而，這些東方的神學家和修道士並非與古代希臘哲學毫無關聯。他們所依賴的東方教父（希臘教父）在早期基督教時期，便利用希臘哲學的用語和概念來構建教義。因此，承襲這些世界觀和人類觀的拜占庭神學家和修道士的思想中，也流淌著希臘哲學的影響。假設存在一種超越萬物的始源性存在與範型，並努力朝著這個方向接近，使自己變得類似於這種存在，這被視為人類存在的終極目的；此外，將人類的靈魂分為三個部分，為每一部分設定對應的德行，並以此作為倫理的基礎，這些都是東方教父基於希臘哲學所形成的具體化思考，並在拜占庭正教中持續傳承。

甚甚至在那些認為形上思辨不是好事，而重視透過信仰的具體實踐來「體驗」神之真理的修士群中，也繼承了柏拉圖及柏拉圖主義者的遺產。因為傾慕柏拉圖主義，而在死後被宣告為異端的奧利振（Origen, ca. 185-254）思想，透過埃瓦格里烏斯．龐帝古斯（Euagrios Pontikos, 345/6-399）《修行論》（*Practikos*）與《祈禱論》（*De oratione*）等作品的引介，對拜占庭修道思想產生相當大的影響。（龐帝古斯後來也被視為奧利振主義者，遭宣告為異端，因此他的著作常常以「尼祿斯」的名義傳播。）受到奧利振與新柏拉圖主義者普羅克洛深遠影響的偽迪奧尼修斯（Dionysius the Pseudo-

Areopagite，約六世紀人物），在談及拜占庭正教的神祕思想與禮儀論時，無疑是一個不可或缺的存在。與其說，拜占庭人文主義者在整個過程中不斷進行抄本的編纂、保存與註解，並被評價為「缺乏獨創發展性」，不如說這些神學家和修士透過東方教父的思索，將柏拉圖、亞里斯多德及柏拉圖主義者的思想融入自己的神學、修行論和禮儀論中，才更能展現古代希臘哲學正統的真正精神。

無論如何，古希臘哲學在漫長的拜占庭帝國時期，宛如豐沛且時而噴湧而出的地下水脈，直接或間接地滋養了拜占庭的思想家。然而，對於如何從這股水脈中汲取智慧，人文主義者與神學家、修士之間存在著相當大的差異。這種背景在接下來要探討的靜修（hesychasm）論爭中也將顯現出來。

二、格雷格利烏斯．帕拉瑪斯投向「身體」的目光

靜修論爭與格雷格里烏斯．帕拉瑪斯

在拜占庭帝國的落日餘暉——巴利奧略王朝文藝復興之中，圍繞著作為東方修道制中心地的阿索斯山修道士們，爆發了一場將帝國一分為二的論爭，這便是「靜修論爭」。當時阿索斯山的修道士們在自己的修屋中，孤獨靜寂地反覆吟唱稱為「耶穌的祈禱」的短禱文，

這一修行方式廣泛流行，並且有時伴隨著坐禪法和呼吸法等身體技巧。這些修道士被稱為「hesychast」，源於希臘語中的「靜寂」（hesychia），而他們的修道實踐與思想則被稱為「靜默主義」（hesychasm）。他們認為，透過這樣的祈禱可以淨化身心，最終沐浴在「神化」（theosis）的恩惠中，與神合為一體；他們還主張，在這一過程中，可以「看見」化為光的神。

義大利出身的正教徒、獲得當時帝都人文主義者熱烈支持的哲學家——卡拉布里亞的巴拉姆（Barlaam of Calabria, 1290-1348），在得知阿索斯的靜默主義這種實踐與主張後，對其展開了強烈批判，並遊說總主教對其判罪。與巴拉姆的行動相對，靜修者們則支持阿索斯山修士出身的神學家——格雷格里烏斯·帕拉瑪斯（Gregory Palamas, ca. 1296-1359），他後來成為薩羅尼加大主教，並在去世後獲得封聖。

「靜修論爭」持續了近十五年，直至一三五一年以帕拉瑪斯陣營的最終勝利告終。在此期間，論爭與宮廷的權力鬥爭及隨之而起的帝國內戰交織在一起，因此，無法將帕拉瑪斯的勝利純粹歸因於神學或哲學因素。然而，他在這場論爭中向國內外展示的世界觀，以及被拜占庭正教會正式宣告為正統的理念，不僅在當時具有重要意義，對後來的東方神學也產生了決定性的影響。

之所以如此，是因為在迫切需要為靜修者的實踐及其主張提供神學根據，並在正教傳統內部加以定位的情況下，帕拉瑪斯以其獨特的方式整合了當時的東方神學，提出了一種「東方的世界觀」。這一觀點成為在失去拜占庭正教會這一母體後，東方神學常參考的典範。此外，他毫不猶豫地將哲學討論引入神學領域，透過否定巴拉姆試圖以西方思維解釋東方神學的努力，重新明確了東方神學在探究神與世界的方式上與西方的不同。這種方式並不是試圖用人類的言語完全解釋神祕，也不是將神祕與世界隔離並高高在上，而是承認神祕作為一種存在於世界中的實體，並且人類有可能體驗到這種神祕。

既然如此，帕拉瑪斯在靜修論爭中所提示的東方世界觀究竟是什麼呢？以下就用「身體性」這個關鍵點，來試著掌握帕拉瑪斯的思想以及由此形成的東方世界觀。

道成肉身與神化

神取下身體、化為人類而降臨於世的基督教「神的道成肉身」觀念，對於認為創造主與被造物之間在存在形式上有絕對隔離的希伯來傳統，以及將神視為純粹理念或形相的古代希臘哲學，都是一種巨大的衝擊。此外，化身為人的神——耶穌基督，在經歷苦難後死於十字架，並於三天後復活，隨後巡視弟子後升天。基督的受苦、死亡、復活和升天，皆伴隨著「身體」的存在。

耶穌的身體象徵著他承繼了人性。過去在《創世紀》中記載，人是「按照神的形象」被創造出來，而古代希臘哲學中也有「（人是）與神相似之物」的命題；然而，若沒有耶穌基督的存在，即「神的道成肉身」這一決定性的事件，東方的神化思想便無法成立。從亞大納修（Athanasius of Alexandria, 296-373）「基督成為人，為教我們得成聖」、以及馬西摩（Maximus the Confessor, ca. 580-662）所提到的「神的道成肉身與人的神化，是神與人共同努力的果實」，可以清楚看出這一點。

更具體來說，我們可以從身為「道成肉身」之神的耶穌在聖經中的記述來觀察。值得注意的是，作為西方神學家思索中心的客西馬尼園（Gethsemane）祈禱場景，與作為東方哲學家思考中心、在他泊山上顯露聖容的場合，對「身體」的描寫呈現出明顯的對照性。相對於前者強調耶穌在滴血流汗中的痛苦，以及隨後受難過程中所承受的各種身體苦痛、流血、受傷和氣絕姿態，後者則重點描繪散發光輝的「榮耀的耶穌」。此外，在這兩個場景中，對於耶穌的身體描寫的同時，也觸及了使徒的身體性。在客西馬尼園的場景中，使徒受到「昏昏欲睡」這種身體誘惑的影響，顯現出無法對抗的「脆弱身體」，而在他泊山的場面中，使徒們則被「光輝的雲所籠罩」。因此，根據東方的解釋，不僅是耶穌，使徒也會受到這種光芒的輝耀。西方神學家傾心於客西馬尼的耶穌，沉重地接受了人的罪與脆弱，而東方神學家則從他泊山上的耶穌，看到了人的變貌及其神化之姿。

在「靜修論爭」中，帕拉瑪斯強烈擁護的人類神化與見神的可能性，正是依循這種東方神學傳統所樹立的。帕拉瑪斯認為，神之內有「本質」（ousia）和「運動」（energeia）兩種區別。

神的本質是人所無法得知、也無法觸及的存在；然而，他同時堅信，神對其內在毫不保留，並為人類溫柔運作。根據他的理解，人的神化就是在這種運作下產生的人類變貌。靜修者所見且主張的神之光，應該與過去在他泊山上照耀耶穌與弟子的變貌之光等同視之，並且可以被視為耶穌再臨之際，身上榮光的前奏曲。帕拉瑪斯堅信，既然我們相信神在過去積極為人類運作，並將來也會如此，那麼在現在這個時刻，祂自然也是在為人類積極運作。

身體也參與神化

不僅如此，對帕拉瑪斯而言，重要的是人類的身體與感官也會參與這種神化的恩惠。身體本身並不是壞的事物，對於靈魂和智性（nous）存在於身體內這一事實，不應感到任何悲嘆。相反地，為了使人內部具備「神之像」的「三一性」得以成立，身體是必要不可或缺的要素；相比於因為沒有身體而不具備三一性的天使，有身體的人類則更接近於神的存在。帕拉瑪斯還指出，聖經中保羅談到身體「死去」時，所指的是身體朝向惡所引發的「衝動」和「想法」，並不是說身體本身是不好的事物。此外，身體是作為「聖靈的神殿」、「神的住所」而被創造出來。因此，就像約翰·克利馬庫斯（John Climacus, 579-649）的定義所述，靜修者是「在身體這個住所內，被非身體事物環繞的勵行者」。

靜修者的修行，旨在全心全意地讓自己的身體容納神，而非單純追求靈魂脫離身體的解脫。正因為修士在每日的修行中，都不得不面對食慾、性慾、睡眠慾等自身的慾求，若切離這些慾求，人的存在也將不復存在。因此，在人的神化這一過程中，對於身體的狀態是無法忽視的。然而，問題在於如何對整個包含身體的人之存在展開淨化與變貌。靜修者「看見」神以光之姿顯現時，並不是透過一般的視覺器官來觀察，而是透過與靈魂共同變貌的身體和感官，產生某種對神的「體驗」。

拉瑪斯展開的這種身體神化思想，在作為基督教禮儀核心的聖餐禮（Eucharistia，源自最後的晚餐，將相信是由基督的身體與血便化而成的麵餅與葡萄酒，分給信徒食用的儀式）爭議中達到了頂點。他將道成肉身與聖餐禮加以對比，認為兩者都是神與人的合一。只是，相較於道成肉身是神（神性）與人性整體（即人之所以為人的性質本身）的結合，聖餐禮則是神（基督）與每一位個別的信徒（每一位接受麵餅與葡萄酒的信徒）之間的結合。這是神與人之間最親密的合一形式，帕拉瑪斯表達：「渴望看見基督；不僅如此，更渴望觸及基督、享受基督、在自己內心擁抱基督、感覺基督在自身之內，彷彿被自己的五臟六腑所包容，滿足我們每一個人的渴望……」他的表達方式伴隨著極其神祕的韻味。在這裡，從「看（視覺）」到「觸及（觸覺）」，距離逐漸縮短，最終凝聚成在自己的心與五臟六腑之內對基督的「包容」。透過這種方式，他描繪出人對基督愛的渴望。

對於這種渴望，基督的回答是「來吧，吃我的身體、喝我的血吧」。儘管這樣能夠填滿人對愛的渴望，但也促成了「更大的渴望」，即神化。聖餐禮正是在身體這個場域中，使基督與人的血肉合而為一。在這個過程中，每個人不僅作為「神之像」而存在，更激發了他們渴望成為「諸神」（為了區別本質的相異，這裡用的是小寫的複數形，與表示聖父的大寫單數形相對）——帕拉瑪斯如此解釋。

就像這樣，帕拉瑪斯的思想強調作為肉體存在的人們，可以直接實現肉身神化，這一觀點與主張靈魂從身體離脫的柏拉圖及柏拉圖主義的人類觀相抗衡。同時，帕拉瑪斯再次確認了圍繞神的道成肉身與聖像教義的東方神學，從而繼承了「在身體、物體之內看見超越」的視角。

三、帝國滅亡後的拜占庭正教與《慕善集》

拜占庭帝國的滅亡，以及點綴其尾聲的帕拉瑪斯思想，為東方神學迎來了一個重大的轉捩點。儘管在鄂圖曼帝國的統治下，君士坦丁堡總主教廳仍得以保留，但它對帝國內的正教徒已經失去了任何統整的能力。因此，在這之後，斯拉夫與東歐的正教遂在各地獨立發展出各自鮮明的特色。

在這樣的過程中，一七八二年，鄂圖曼帝國下的正教徒共同體編纂並出版了一本特殊的書籍。這本書名為《慕善集》（*Philokalia*），它將包含帕拉瑪斯在內的拜占庭正教及其以前三十餘名導師的作品集結起來，作為祈禱與修道生活的指南。這本書體現了靜修的精神，出版後立刻被翻譯成正教世界各種語言，並在廣泛的讀者中傳播。在二十世紀後半，該書又被翻譯成西歐各種語言，引起了極大的迴響。作為回溯東方神學系譜的本章結尾，我將提出這本特異的書籍，並試著考量其編纂與出版的意義。

《慕善集》的編纂及其影響

以俗世隔絕的阿索斯山為靜修中心的修士，通常在靈性導師的指導下展開修行。那麼，為何需要編纂和出版《慕善集》這本書呢？他們的目的又是什麼呢？

這本書的編纂背景是當時鄂圖曼帝國統治下，正教會高位聖職者的腐敗與西歐化傾向，以及在強烈的人文主義氛圍中爆發的靜修論爭。在這樣的情況下，曾在阿索斯山修行的科林斯主教馬卡里奧斯（Makarios, 1731-1805）與尼科迪姆（Nicodemus the Hagiorite, 1749-1809）感受到靈性復興的必要性，於是決心展開這本書的編纂與出版。

《慕善集》中收錄的作品群，大部分都是為修道士而寫，也包含許多乍看之下和一般讀者沒有關係、有關嚴格戒律與修行的內容，而且在一千兩百頁的篇幅當中，相似的記述會不斷重複出現，不免讓讀者大感困惑。可是，這本書不只是單純彙整在特殊世界中進行教導的作品，而是在尼科迪姆等人明確的思想下編纂而成。換言之，它是一本具有強烈訊息性質的書籍，從一開始就被期待不只是針對修道士，也能成為一本讓一般信徒覺醒靈性、導向神化的指南。這件事只要閱讀尼科迪姆撰寫的「序言」與同書卷末的「帕拉瑪斯的生涯」，就可以清楚明白。這篇「序文」是以下述的這段文字開始的：

神，至福的本性，超越一切完全性的完全性；祂既是一切善與美的創造主，也是超越善與美的原理。自永恆的往昔起，神便決定在祂的原理下使人類獲得神化；祂從一開始就在內心中思考這一目的，直至認為時機已然成熟，便創造了人類。（《慕善集》I卷，新世社，二〇〇七年，頁三九）

如上所述，神在創造之前便已意圖使人神化，而對於人的存在而言，神化是終極的目的，這也是《慕善集》一貫強調的道理。尼科迪姆因此積極敦促所有基督教徒應該實踐使徒保羅在《帖撒羅尼迦前書》（五：十七）中所述的「不停禱告」的命令。作為《慕善集》的結尾，編入的「帕拉瑪斯的生涯」在「論無止境的祈禱」這一副標題下，提供了這樣的積極勉勵：

作為我兄弟的基督教徒，你們不應該認為需要經常祈禱的只有司祭和修士，而世俗中的人則不需要這樣做。事實上，這樣的想法是完全錯誤的。所有普通的基督教徒都應該保持經常祈禱的狀態。（《慕善集》IX卷，新世社，二〇一三年，頁一三九；不過譯文有部分變更。）

作為救贖的神化

就像前節所見的帕拉瑪斯思想，特別是透過聖餐禮論所預先呈現的一樣，每一個人在身體中朝著神化邁進，這一目的不再是僅允許修士和部分人士擁有的特殊體驗，而是向所有信奉基督的人開放的神祕，幾乎與拯救（救贖）同義。關於這一點，編者尼科迪姆清楚地指出：「透過神的智慧啟示，得救與神化會成為相同的東西。」

不僅如此，救贖也不是透過教會與司祭所帶來的東西，而是每個人應當有意識地負起責任，持續祈禱的產物。更進一步說，尼科迪姆所想要陳述的是，過去中世紀信徒形象中一般信徒不需精神修養，只需將一切託付給修士，自己在教會中聆聽司祭講道就可以的觀念，應該轉變為一種近代信徒的樣貌。這種新形象強調，個人的救贖不依賴於修士與教會，而是自動自發地實現。這正是近現代的基督教世界，不分東西方，廣泛支持本書的理由。

一七八二年，《慕善集》出版之初，便在以俄羅斯為首的正教世界中獲得了廣泛的讀者群；進入二十世紀後，更是在西歐世界受到熱烈歡迎。這或許正是因為《慕善集》具備的特質所導致的必然結果。從這個角度來看，《慕善集》的編纂與出版，不僅是東方神學歷史上的重要事件，還為基督教世界的現代思考帶來了許多啟發。

小結

本章圍繞著東、西羅馬帝國分裂後，擁有千年以上歷史的拜占庭正教，概括了其背後更廣泛的東方神學譜系，但這樣的做法或許有些思慮不周。那麼，我們究竟應該從何談起「東方神學」這四個字所涵蓋的思想呢？

若要舉出一個特徵，那就是「道成肉身的哲學」。這是一種不僅關注身體（也可以稱作物體或物質世界），而是從中洞察神祕的視角。一方面，將「神的道成肉身」這一悖論視為除神祕之外無他者的事件，正面承受並用有限的語言加以表達；另一方面，則將相關的「體驗」徹底置於中心地位。這正是東方神學在漫長歷史中持續保存的核心內容。

延伸閱讀

久松英二，《希臘正教：東方的智慧》（講談社選書metier，二〇一二）——標題的「希臘正教」，指的就是本章所說的「東方正教」。同時，透過與天主教的多方面比較，它還以初學者易懂的方式闡釋了東方的歷史與思想特徵。

上智大學中世思想研究所編譯、監修，《中世思想原典集成3：後期希臘教父、拜占庭思想》（平凡社，一九九四年）——摘錄並翻譯埃瓦格里烏斯、偽馬卡里奧斯、偽迪奧尼修斯、約翰・克利馬庫斯、聖馬克西穆斯、大馬士革的聖約翰、新神學家西蒙、帕拉瑪斯等拜占庭時期代表性東方神學家的著作。大森正樹的總序，以及各翻譯前附帶的解說，相當有益。

大森正樹，《energeia與光之神學：帕拉瑪斯研究》（創文社，二〇〇〇年）——日本第一本正式的帕拉瑪斯研究著作。除了專業的討論外，也對東方的神學與人類觀，做了簡潔且明確的概觀。關心帕拉瑪斯的人，一定要閱讀大森先生翻譯的帕拉瑪斯主要著作《東方教會的精髓：人間的神化論考：為神聖靜修的辯護》（知泉學術叢書2，二〇一八年）。

土橋茂樹編著，《〈慕善集〉論考集：邁向善美之神的愛之諸相》（教友社，二〇一六年）——針對本章最後處理的《慕善集》，彙總了其編纂背景和主題的相關論文。《慕善集》的全譯本則是由新世社刊行，共九卷。

末木文美士、中島隆博編，《非西歐的視角》（大明堂，二〇〇一年）——這本書聚焦於「非西歐」思想的可能性，其理念貫穿於本《世界哲學史》叢書的核心概念之中。特別是其中一章，谷壽美的〈非分離的精神：近代俄羅斯的宗教預感〉，結合帕拉瑪斯的思想，深入探討俄羅斯哲學家索洛維約夫的哲學，內容極具啟發性，令人受益匪淺。

CHAPTER

three

第三章

教父哲學與修道院　山崎裕子

教父哲学と修道院

一、教父與修道生活

中世紀初期

自從查爾斯·哈斯金斯（Charles Haskins）提倡「十二世紀文藝復興」以來，對中世紀的關注不再僅限於極盛期的十三世紀，還轉向了十二世紀。相對而言，對於十一世紀以前的中世紀，則較不為人所知，這也是事實。然而，這正是阿爾琴（Alcuin, ca. 730-804）引進加洛林小寫字體的時代。從此以後，文字字體從僅在兩條線之間書寫的大寫字體世界，轉變為在四條線之間書寫的大寫與小寫字體的世界，直到現代。

在歐洲中世紀，信仰與理性是主要的問題之一；安色莫（Anselm of Canterbury, 1033-1109）、亞貝拉（Peter Abelard, 1079-1142）與伯爾納鐸（Bernard of Clairvaux, 1090-1153）、多瑪斯·阿奎那（Thomas Aquinas, ca. 1225-1274）的思考方式，分別展現出各時代對這個議題掌握的代表性變遷。

本章將聚焦坎特伯里的安色莫、十二世紀的夏特爾學派及聖維克托學派，並深入探討。

教父

教父是「教會之父」的略稱，原本指的是滿足以下四項條件的人：維護教義上的正統信仰、過著「神聖的生活」、獲得「教會的承認」，以及「屬於古代教會」。所謂「正統信

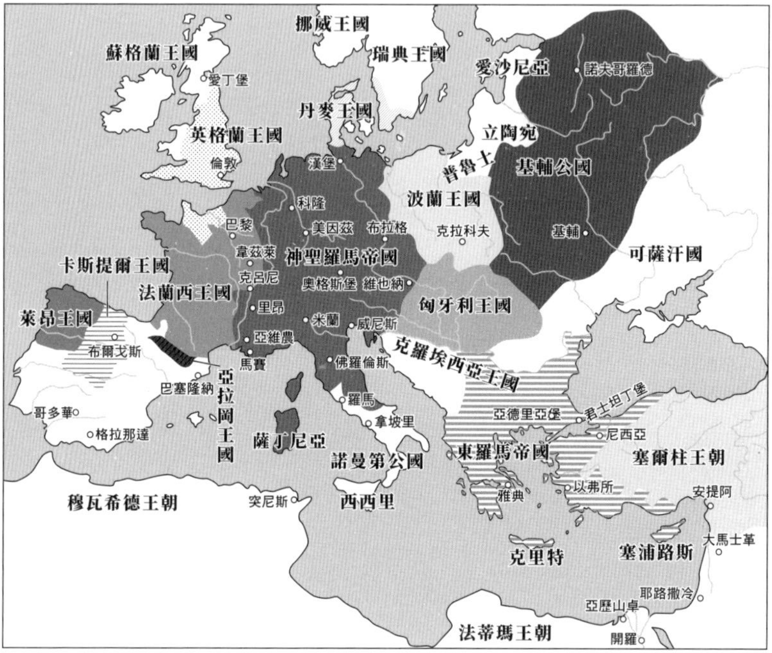

十一世紀末的歐洲

仰」，指的是維持使徒傳播的教義；「神聖的生活」並不一定要獲得封聖，而是指對信仰的理解與生活的實踐是否保持一致；「教會的承認」則指內容獲得教會官方文件或宣言的引用；「古代教會」是指七到八世紀左右的教會（參考小高毅《古代基督教思想家的世界：教父學序說》，創文社，一九八四年）。若其中一項條件未能滿足，則無法稱為教父，而只能稱為教會作家。以拉丁語著述的教父稱為「拉丁教父」，而用希臘語著述的則稱為「希臘教父」。

然而，讓我們得以獲知教父

著作內容的《教父學大系》〔米涅（Jacques Paul Migne）編，巴黎〕中，〈拉丁教父集〉（二二一七卷，一八四四－一八五五年；索引四卷，一八六四年），是從特士良（Tertullian, ca. 160-220）到英諾森三世（Innocent III, 1160/6-1216）；而〈希臘教父集〉（一六二卷，一八五七－一八六六年）則是從聖克萊孟（Saint Clement, ?-ca. 101）一直到貝薩里翁（Bessarion, 1403-1472）。在年代上，這些著作與前述的教父條件並不一致。之所以如此，是因為「教父學」（Patrologia）這個名稱隨著格哈德（Gerhard）於一六五三年出版的《教父學》而獲得確立，從此以後，教父這個名稱便被廣泛使用於包括教會作家在內的人物身上。

修道生活

教父大多數是在修道院中生活的修道者，他們的著作便是修道生活的產物。修會大致可分為隱修會和工作修會兩類。工作修會的修道者會走出修道院，從事教育或醫療等活動，而隱修會的修道者則完全待在修道院，過著祈禱、勞動和學習三者相結合的生活。這一循環不僅在中世紀延續，至今仍然為隱修會所堅守。例如，位於北海道的特拉比斯（Trappist）修道院（正式名稱為「嚴規熙篤隱修會」）的作息是，早上三點三十分起床，晚上八點就寢，期間進行六次祈禱，包括讀經晨禱和晚禱。在這些祈禱之間還有冥想、彌撒、進餐、勞動與學習等活動。在中世紀，「勞動」通常指農耕、手工藝和謄寫。至於學習，相當一部分時間則用於「靈閱」

（Lectio Divina）。靈閱有時被翻譯為「聖嚴頌禱」，但閱讀的內容不僅限於聖經，還包括與神相關的著作，因此，教父的著作也被視為「有靈性的書籍」，並受到閱讀。

在教育體系尚未確立的中世紀，修道院和主教聖堂附屬學校（也有人稱為「大聖堂附屬學校」）同樣是重要的教育場所。舉例來說，出身貴族的阿奎那在年幼時期，曾被託付給本篤會的卡西諾山修院，以接受嚴格的教育，這是一個相當有名的故事。

新進修院的修道者會被教導閱讀方式以及抄本的謄錄技術；換句話說，修道院裡累積了許多書籍。因為當時尚未發明印刷術，書籍都是用手抄寫的。雖然紙是在二世紀由中國發明的，並在八世紀傳到撒馬爾罕，但在歐洲，書籍的製作仍然依賴沾墨水的鵝毛筆在羊皮紙上抄寫。因此，書籍的價格相當高昂，修道院不僅為了自用，也會進行抄本謄錄，以販售書籍來獲取收入。順便提及，西歐的古騰堡在一四五六年發明了印刷術，但中國的畢昇在一〇四一至一〇四八年間就已經發明了活字印刷（羅伯特·坦普爾，《圖說中國的科學與文明》，牛山輝代監譯，李約瑟序文，河出書房新社，一九九二年）。然而，當時地理的橫向聯繫尚不充分，因此中國的這項發明並未傳播到西歐。

修道生活的基本理念包括守貞、清貧和服從。守貞指的是終生堅守獨身、不離開修道院；清貧則是指捨棄世俗財產，過著簡樸的生活；而服從則是對神、上司以及戒律的遵守與尊重。在隱修會中，還需加上「終身定居在某修道院中」這一基本理念。繼承聖本篤（Saint Benedict of

Nursia, ca. 480-547/60）的精神，隱修會的主軸就是「祈禱與勞動」（Ora et labora）。

二、安色莫的神學與哲學

坎特伯里的安色莫

若要列舉中世紀初期的代表性哲學家與神學家，安色莫的名號必定在列。安色莫出生於北義大利的奧斯塔，母親去世後，由於與父親不合，加上他自己希望成為修道者，於是離家出走。隨後，他在選擇加入克呂尼修院或貝克修院之間猶豫不決，最終選擇了位於法蘭西諾曼第、隸屬本篤會的貝克修院，當時的院長是蘭弗朗（Lanfrancus）。在蘭弗朗轉任岡城修院後，安色莫成為貝克修院的副院長，並在十五年後接任院長。接著，在一〇九三年，他被任命為蘭弗朗逝世後的坎特伯里大主教。擔任大主教期間，由於主教任命權與國王對教會財產課稅權等問題，安色莫與國王屢次發生衝突。最終，當他從英國前往歐洲時，在抵達多佛海峽時遭到為期三年的放逐。

安色莫在一四九四年被封聖，並在一七二〇年被教會認定為教會博士（Doctor of the Church）。

接下來要提到的《證據》（*Proslogion*）在哲學史上有著重大影響，《神為何成為人》（*Cur*

Deus Homo?）則在贖罪論的領域上，扮演了重要的角色。

為求知而信，與神存在的證明

我們通常認為「理解，然後相信」，但安色莫強調的是「相信，然後理解」。他在《證據》第一章中提到：「我並不期望為了相信而理解，而是因為要理解，所以相信」，這句話清晰地表達了他的態度。這種思考方式可以理解為「為求知而信」，或是「為理解而信」，暗示著信仰正是使理解成為可能的途徑，並透過信仰能夠找到理解的深層突破口。因此，「為求知而信」可以視為安色莫渴望的核心所在。換句話說，即使自己的理解力無法與神的高度相比，但他仍然渴望對神的真理有一些理解。

安色莫說：「我們無法想像有比神更偉大的事物。」在《證據》第二章到第四章中，他證明神的存在。他認為：「我們對某種事物的理解，表明我們雖無法理解事物本身的存在，但仍然有可能理解這些事物。換言之，透過文法和邏輯可能理解事物的『定義』。然而，如果我們僅憑想像來認定某事物是『更偉大』，這將產生矛盾。因此，神之所以為神，必須是實在的存在。」

在這種思考前提下，作為實在存在的事物，比起僅僅處於理解範疇之內的事物，更為偉大。對這一複雜論述的理解，可見於《證據》的第四章。安色莫在此提到：「即使同樣對事物予以思考，當我們以『有意義的話語』來思考物時，與『把物當成物本身』來加以理解，仍然存在差異。」（《中世思想原典集成7前期經院哲學》，古田曉譯，平凡社，頁一九二）安色莫在這裡區分了「思考」和「理解」兩種行為。以「有意義的話語」來談論物，意味著有針對物的語言；如果用這種語言來思考，便可能思考「實際不存在的物」。然而，物之所以為物，是因為它自有其本身；因此，若從物本身來思考，因為神本身就是存在的，我們無法想像「神不存在」這一情況。

安色莫在《證據》末尾收錄了一篇名為〈為愚人辯〉（*Pro Insipiente*）的文章。這篇文章是馬牟節修院的修士高尼羅（Gaunilo）所提出，因此又稱「高尼羅反論」。高尼羅的反論主要有以下兩點：一、我們正因為知道某事物的存在，才能談論它。二、因為這項事物僅存在於觀念中，所以不能說它是真實的。在提到第二點時，高尼羅舉了「幸福島」的觀念作為例子：即使我們理解在大海的某處有一座充滿財富與快樂的幸福之島，也無法推斷出它「就是存在」的結論。

安色莫在高尼羅的文章後面附上了「本論著的作者，對此有何回應？」他指出，關於第一點，作為信仰者，我們經常知道「神是存在的」這一事實。至於第二點，因為我們只能說「觀念與實在一致，乃是最極致的事物」，因此，「當我們思考這無法想像的偉大之物時，如果去思考祂是否不可能存在，其實就已經不是將祂視為『無法想像的偉大』了。」（古田曉譯，

頁二三七）

安色莫的這種思考方式被稱為「神必然存在的證明」或「本體論的證明」，它不僅在中世紀引發了討論，直到現代也持續引起迴響。相對於安色莫以信仰為前提的立場，高尼羅則站在不具信仰的人立場展開論述。有人認為，因為安色莫是從信仰的立場出發，因此他的思考屬於神學而非哲學；但也有人認為，他是盡可能用理性來說明信仰所賦予的事物，這正是經院哲學所致力的目標。在哲學史上，笛卡兒對他的論述持肯定態度，而康德則持否定立場。

惡的問題

在談到人類生活時，無法迴避「惡」這個問題。對於惡，我們或許不會積極思考，但惡的問題與愛一樣，是基於自身體驗而能夠探討的議題。

安色莫和希波的奧斯定都認為「惡是善的欠缺」，然而兩人的思考內容並不完全相同。在哲學上，即使使用相同的術語或語彙，其意義和內容也可能大相逕庭。每位哲學家對術語的使用方式各有不同，安色莫和奧斯定對「惡」的理解便是一個例子。

在基督教哲學中，「惡」是一個重要的問題，因此常常引發以下疑問：儘管神是全能的，卻為何會存在惡呢？最早提出「惡是善之欠缺」這一觀念的雖是奧斯定，但這不僅是他的個人思想，更是在他之後，整個基督教哲學的聚焦點。

我們經常將「惡」與「罪」視為同義詞，但嚴格來說，罪與惡並不相同。相對於「罪」具有道德意義，「惡」則不一定要有道德涵義。換句話說，罪是針對人類行為的問題，而惡的意義則更為廣泛，不僅包括道德的惡，還涵蓋物理的惡（如災害或疾病等）。

安色莫指出：「確實，去做『不應該』之事的人，或是不做『應該』之事的人，就是行惡。」（《哲學思考片段》）換言之，惡的行為可以理解為「做了不應該之事」或「不做應該之事」。在大多數情況下，我們對前者的惡感要比後者強烈；然而，無論是前者還是後者，惡的本質都是相同的，這兩者實際上是表裡一體。

背離：朝著「做不應該之事」方向前進

關於惡，儘管安色莫與奧斯定的思考有許多相似之處，但他們的分析視角卻各有不同。以「罪」為例，基督教認為罪是對神的背離，簡單來說，就是偏離了神眼中所看來的理想狀況。從字源上看，「罪」在希臘語中為「hamartia」，意指遺漏或出錯，強調了行為上的偏差或缺失。這種理解揭示了罪的本質在於未能達到神所期望的標準。

奧斯定對惡的定義是：「在意志上背離了不變的善，轉向可變的善。」（《論自由意志》第二卷第十九章第五十三節）不變的善屬於神的事物。當人們背離應該一心嚮往的神，尋求神以外的可變之善時，就成了罪。因為這種背離不變之善、轉向可變之善的行為，使得罪之所以成為罪，正是因為它背離了神。

儘管如此，安色莫並未使用「背離神」這樣的語彙，而是選擇用「朝不應期望之事前進」來表達罪的概念。在原本的拉丁語中，奧斯定的「轉向」與安色莫的「朝向」都使用了「conversio」這個詞；然而，最重要的是「不應該」這一表述。這種表述強調了行為的選擇與神的期望之間的差距，進一步突顯了罪的本質在於偏離神所期望的方向。

安色莫指出，人在行使意志時，會出現渴望有益與渴望正直的傾向（《論神的預知、預見、恩典與自由意志的和諧》第三問題）。正直（rectitude）推至極致便代表著正義；因此，當我們將「欠缺善的惡念」與正義的概念結合時，便意味著「善的欠缺也等於正義的欠缺」。安色莫認為，正義是「為了自身所保持的意志之正確」（《論真理》第十二章），因此如果人只渴望「有益性」，那麼他就會放棄正義。由於正義也可以被解釋為「不變的善」，所以放棄正義可以視為與奧斯定所說的「在意志上背離不變的善」相似的情況。

這樣的意志，根據奧斯定的說法是「背離神」，而安色莫則表達為「朝著不應期望的事前進」。奧斯定在談及善的意志時使用「轉向」，而在談及惡的意志時則使用「背離」。簡而言之，他將意志的方向和對象都以「神」來表達。另一方面，安色莫在提及對象時，則採用「應該期望之事」與「不應該期望之事」這兩種分開的表達方式，而在意志方面，他僅使用「朝向」這一單一的語彙。這反映了他對意志和其目標的不同理解，強調了選擇的道德性和方向的差異。

安色莫在接受奧斯定的思想時，將「應為」納入正義的思考中。透過這種思考，他不使用「背離」這個詞，而是用「朝著不應期望的方向前進」來表達與神的偏離。

三、從十一世紀到十二世紀

修院神學與經院神學

從十一世紀邁入十二世紀後，神學發展為「修院神學」與「經院神學」兩大類型。「修院神學」保存在修院附屬學校中，忠實於聖經、教父和羅馬古代典籍等傳統；而「經院神學」則出現在主教聖堂附屬學校，重視討論並尊重自發的理性探求。前者以伯爾納鐸和聖維克托學派為代表，後者則以亞貝拉和夏特爾學派為代表。雖然兩者都旨在理解自己的信仰，但在神學型態上差異顯著。例如，亞貝拉認為熱心地提出疑問是掌握智慧的關鍵，而伯爾納鐸則批評他說：「與其思考疑問，不如專心祈禱。」這一觀點差異顯而易見。伯爾納鐸不喜歡亞貝拉的分析方法，對於「用理性檢討超越理性的事物」持批判態度。他認為，為了侍奉神，必須具備學問，修會也承認學術的重要性，但修院文化並非僅僅是為了「學術而學術」。直到九世紀左右，修院長通常也兼任主教聖堂的領導，換言之就是兼任主教；在那個時期，修院附屬學校同時也是主教聖堂的附屬學校。

在下一節中，就讓我們來看看夏特爾學派與聖維克托學派。

夏特爾學派

夏特爾的伯爾納鐸（Bernard of Chartres），在一九八四年《柏拉圖註釋》被確定為他的作品之前，一直被認為沒有現存著作。儘管如此，他仍然因為以下文句而廣為人知。我們從索爾茲伯里的約翰（John of Salisbury, 1115/20-1180）作品《形上邏輯》（*Metalogicon*）中，可以間接得知他的存在：

> 夏特爾的伯爾納鐸說，我們就像是坐在巨人肩上的矮人。換言之，根據他的說法，我們能夠比巨人看得更多更遠，並不是因為我們自己的視覺敏銳或是身體卓越，而是因為巨人的龐大，把我們高高舉起之故。（《形上邏輯》第三卷第四章，甚野尚志、中澤務譯，《中世思想原典集成8夏特爾學派》平凡社，頁七三〇—七三一）

生活在後世的人們無論如何都會繼承許多先進的恩澤。現在我們視為理所當然的事物，其實並非完全依賴自己的力量，而是因為有那些為我們清理出視域的人，才會產生這樣的想法。

例如，諾貝爾獎的選拔與決定，與「發現某件事物並賦予其真正意義的人」密切相關，並針對此作出忠實的檢驗。「將追問始源、回溯始源看得比任何事物都重要，這樣的思考和態度，在西方學術中特別顯著。」（《世界哲學史1》第一章二節，頁三五）誠然如此。

「坐在巨人肩上的矮人」這個比喻，是由孔什的威廉（Guilelmus de Conchis, ca. 1090-1154）傳述下來的。雖然威廉並未說這句話是伯爾納鐸所言，但可以推測約翰是從自己的老師威廉那裡，學來這句話的。

再者，約翰在《形上邏輯》第一卷中提到康尼菲修斯（Cornificius）時，對他那種相比於智慧，更想讓人看到怠惰與愚昧的頹廢態度，做出了嚴厲的批判。約翰將某位不重視以「七藝」為中心的教育的同時代人稱為「康尼菲修斯」，這個名稱源於對維吉爾（Vergil）的康尼菲修斯的批評，但他實際上指的是誰則不甚明確。

據約翰所述，孔什的威廉被譽為「夏特爾的伯爾納鐸以來最優秀的文法家」。他著有《宇宙的哲學》（*De philosophia mundi*），在書中敘述了元素、天體（火星、水星、木星）、氣象（雨、雪、雷）、四季（春、夏、秋、冬），以及眼、耳、靈魂等，並探討這些事物與人類創造之間的關聯。威廉不主張對聖經作字面解釋，而是認為應該以比喻的方式來理解，並討論信仰與理性的關係。

伯納德・西爾維斯特里斯（Bernardus Silvestris, ca. 1100-1160），稱呼宇宙為「大宇宙」

（megacosmos），我們人類則是「小宇宙」（microcosmos）。這一觀點源於《創世紀》開頭的天地創造解釋，並從中引申而來。

夏特爾學派的特徵在於其古典教育的豐富性以及對自然的深厚興趣。

聖維克托學派

坐落於巴黎西堤島、靠近塞納河左岸的聖維克托修院中，有許多從事研究的人士。雖然許多人將他們稱為「聖維克托學派」，但實際上，他們並未發展成一個完整的學派。這所修院成為尚佩的威廉（William of Champeaux, 1070-1121）在被亞貝拉駁倒後失勢，辭去巴黎主教聖堂附屬學校校長職位後的棲身之所。

聖維克托的休格（Hugh of Saint Victor, 1096-1141）是這群人當中，最為知名的人物：

> 某些事物被理解是因為它們自己的緣故，但其他東西——從它們本身看起來，似乎不值得我們勞心去理解，然而，因為沒有它們，我們就無法清楚辨明前者，所以絕對不能對此掉以輕心。學習一切事物；最後，你將會發現沒有任何東西是多餘的。壓縮過的知識，並不是一件可喜之事。（《學習論（Didascalicon）：關於閱讀之研究》第六卷第三章，荒井洋一譯，《中世思想原典集成9聖維克托學派》，平凡社，頁一四九）

從上述文章中，可以推斷出休格是一位積極吸收廣泛知識的人物。他曾說：「哲學是對所有人與神事物之依據，進行徹底探究的學術領域。」（《學習論》第一卷第四章，五百旗頭博治譯，頁四〇）這句話清楚證明了他的觀點。然而，休格同時也堅信，聖經研究是所有學問與研究的根本。

聖維克托的理查德（Richard of Saint Victor, ?-1173）在休格的指導下學習，並發展出自己的思考。在《論強力的愛之四階段》（*On the Four Degrees of Violent Love*，收錄於荒井洋一譯的《中世原典思想集成9聖維克托學派》），他探討了對人的情感之愛以及對神的情感之愛。無論是哪種愛，都可以分為四個階段：對人的情感之愛包括令人受傷的愛、擄獲人心的愛、令人勞苦的愛和令人衰弱的愛；而對神的情感之愛則包括打從心底被愛、竭盡心力被愛、竭盡靈魂被愛和竭盡一切力量被愛。後者依賴於冥想與觀想，透過喜悅的體驗，從同感中深入、昇華，最終顯現於外。

然而，當對神的情感之愛進入第四階段時，精神會因為對神的愛而向外溢出，從而從自身之中往下降。為什麼會出現這種下降的情況呢？在第一階段中，神進入精神之中，使精神能夠回歸自身；在第二階段中，精神超越自身，朝著神的方向高昇；在第三階段中，朝著神的方向飛昇的精神，會全面融入神之中。既然如此，為什麼第四階段不是達到更極致的境界呢？這是因為在第一階段中，精神的運作是為了自身，但到了第四階段，精神則是為了鄰人而運作。在第四階段中，「為了神」這一表述，其實與「不為自己，而是為了鄰人」在意義上是相通的。

當對神的情感之愛達到第三階段後，在第四階段，這種愛會向外溢出，換句話說，就是昇華為愛鄰人、愛敵人的愛。

在中世初期，哲學和神學在修道院和主教座聖堂等與基督教直接相關的環境中得到了深化。思考的場所逐漸從郊外的修道院移向城市中心的主教座聖堂，儘管場所和形式有所不同，但大家共同之處在於都是基於對神的愛而執筆寫作。安色莫最初修道的貝克修院，至今仍位於從埃夫勒車站出發的路線上，早上有一班，下午有一班的巴士。不知道安色莫生活的時候，那裡的情況又是如何呢？

在哲學家和神學者的思考延續下，十二世紀大學的成立使得哲學的風格逐漸發生變化。

延伸閱讀

丁澤爾巴赫（Peter Dinzelbacher）、霍克（James Hogg）編，朝倉文市監譯，《修院文化史事典》（*Kulturgeschichte der christlichen Orden in Einzeldarstellungen*，八坂書房，二〇〇八年）——對於天主教的主要修會，從歷史、靈性、文學、建築與造型藝術、音樂、神學與人文科學、教育等分別領域，涵蓋創立到二十世紀的討論。在使用眾多圖片的同時，也對各修會的特徵加以描述，是一本可以活用的讀物。

尚・勒克萊爾（Jean Leclercq），神崎忠昭、矢內義顯譯，《修院文化入門：對學問的愛與對神的渴求》（*The Love of Learning and the Desire for God: A Study of Monastic Culture*，知泉書館，二〇〇四年）——一九五七年出版作品的翻譯，法語原題是《對文學的愛與對神的渴求：中世紀修院作家入門》（*L'amour des lettres et le désir de Dieu : Initiation aux auteurs monastiques du Moyen Âge*）。在談及修院神學的書中，身為研究者的本篤會士勒克萊爾，對不只侷限於中世紀的修院文化展開了考察。

索森（R. W. Southern），矢內義顯譯，《坎特伯里的安色莫：風景中的肖像》（*St. Anselm: A Portrait in a Landscape*，知泉書館，二〇一五年）——一九九〇年出版作品的翻譯，是一本由安色莫研究大師所撰寫的研究書。

上智大學中世思想研究所編譯、監修，《中世思想原典集成：精選3、4 拉丁中世的興隆1、2》（平凡社Library系列，二〇一九年）——《中世思想原典集成》的精選文庫版。精選3包含了《證據》的翻譯，精選4則包含了《學習論》的翻譯。

CHAPTER

four

第四章

存在問題與中世紀邏輯學

永嶋哲也

存在の問題と中世論理学

一、緒論

「那位哲學家亞里斯多德」

本章所要探討的是一位因擁有銳利的邏輯論證能力與強韌的思考力，而受到狂熱之人敵視的哲學家。此外，還有在他之前的另一位哲學家，他在介紹外國思想方面表現出色，但被認為缺乏獨創性，常被視為平凡之人。以這兩位哲學家為緯線，結合邏輯學這一學術傳統作為經線，我想試著概觀西歐中世紀拉丁語文化圈中關於「普遍存在」的哲學發展。然而，還有另一位主要的登場人物，就是「那位眾所周知的哲學家」亞里斯多德。

亞里斯多德的文本相當難解，難解到隨便從全集中拿本著作讀個半頁，就會讓人忍不住昏昏欲睡。然而，仔細深讀後，就會發現他提供了一套有系統、包羅萬象、深刻且具強大概念運作的形上學。中世紀的哲學家們正是基於他的哲學，在神學、邏輯學、倫理學和自然學等各領域加以發展。即使時代已轉向現代，所謂「哲學行家」仍然是指那些能夠讀懂亞里斯多德、並基於其思想而加以論述的人。

西歐中世紀對亞里斯多德文本的接納可以分為兩個階段：第一階段是從古羅馬傳承下來的，第二階段則是十二世紀中葉，透過阿拉伯人重新傳入。本章主要處理的是在再傳入之前活躍的兩位哲學家。如果要作比喻，他們就像是手握亞里斯多德留下的地圖（邏輯學），卻沒有強大的武器（形上學），冒險前往一個充滿複雜語言、存在與認知交錯的世界。不僅如此，他們手中的地圖還是殘破不堪，缺失了幾頁；他們就是在這種情況下展開了冒險。儘管哲學史的書籍再怎麼撰寫，也不可能像冒險書籍那樣生動，但本章仍希望以淺顯易懂的方式，描述這兩位堪稱冒險者的哲學家的思考內容。

示意圖——接下來我要描繪些什麼？

為此，首先要以示意圖的方式解釋本章要處理的事項以及前進的順序。簡單來說，在第二節中，將概略性地探討「邏輯學」這個用語通常是以怎樣的意義被使用；也就是針對西歐中世紀的思想狀況加以說明，同時確認當時的「邏輯學」究竟具有怎樣的意義。

要作此說明時，首先必須提到的就是波愛修斯（Boethius, ca. 480-525）這號人物。在本章的第三節，我們就會討論到波愛修斯。雖然他是位居古代時期最後的哲學家，但也因為他的緣故，才有中世紀邏輯學的成立；他就是這樣一位留下深遠影響的人物。我們會探討波愛修斯生活在什麼樣的時代，他是一個怎樣的人，對邏輯學的貢獻是什麼，以及他具體的思考內容。

另一位哲學家，則是第四節會提到的亞貝拉。他和波愛修斯不同，對後代的影響並沒有那麼大；儘管如此，他在思想史中的地位卻是特別的重要，因此是位相當罕見的人物。我們也將探討亞貝拉在邏輯學領域的思考。雖然亞貝拉之後才是中世紀邏輯學的轉折點，但我們可以從他的貢獻來反思其奠基的意義。

二、中世紀邏輯學的概略速寫

對中世紀人而言的「邏輯學」

透過「邏輯學」這個詞，我們可以理解到什麼內容呢？這一點隨著時代的變遷而有著各種不同的變化。例如，近代德國哲學家黑格爾所稱的「邏輯學」與現代邏輯學的奠基人弗雷格（Gottlob Frege, 1848-1925）所稱的「邏輯學」有著很大的差異。那麼，西歐中世紀的人們又是如何理解這個詞的呢？

邏輯學，即Logica，源自希臘語的「邏各斯」（logos），中世紀的邏輯學者們對此非常清楚。因此，他們認為Logica可理解為「話語之學」，同時也將邏輯學視為一門「辨別真偽的學問」。

另一方面，邏輯學也被稱為「Dialectics」。在古代哲學的脈絡中，它被翻譯為「問答法」，而在後來的時代中則被稱為「辯證法」。然而，在中世紀，邏輯學與辯證學在學術領域上有著許多重疊之處。因此，如果硬要翻譯的話，可以稱之為「辯證學」。亞貝拉明言Logica和Dialectics具有相同的涵義，但其他學者並不一定接受這一觀點，通常會將這兩個詞分開使用。儘管如此，這兩個詞在大多數意義上仍然有很多重疊。換句話說，在中世紀的人們認知中，邏輯學和辯證學一樣，都是提供討論或辯論工具的學問。

在緒論中，我提到了「亞里斯多德留下的地圖」這個比喻，現在我想再次用這個例子來形容中世紀的邏輯學。表面上看，中世紀的邏輯學似乎描繪了一條通向神學中累積的形上學議論，並最終抵達神的真理的道路。然而，實際上，它可能會將我們引入一座無法逃脫的地面迷宮；這正是一幅散發著危險氣息的地圖。

舊邏輯學

首先，我們不可不知的是，中世紀的邏輯學實際上分為「舊邏輯學」（Logica vetus）和「新邏輯學」（Logica nova）兩大領域。大致上以十二世紀中葉為界，在此之前的邏輯學稱為「舊邏輯學」，而在此之後的則稱為「新邏輯學」。這兩者的主要區分依據在於亞里斯多德的相關著作與註解的多寡。換言之，亞里斯多德的著作及其相關的註解是在十二世紀中葉傳入西歐的拉丁語文化圈。

為了說明舊邏輯學，我們首先必須回溯到古羅馬時代。古典時期的羅馬，也就是西塞羅生活的時期；當時的羅馬是所謂的「雙語文化」，也就是具備一定水準教養的羅馬人，在閱讀希臘語方面並不會有太大障礙。因此，西塞羅在用母語拉丁語撰寫哲學書籍時，非得寫下這樣一段前言不可：「用拉丁語討論哲學真有意義嗎？畢竟對哲學有興趣、具備知識的人，都是直接用希臘語閱讀哲學的吧！」

隨著時代的變遷，龐大的羅馬帝國分裂為使用拉丁語的西部與使用希臘語的東部。在西羅馬帝國境內，擅用希臘語的知識分子數量逐漸減少。不久之後，西羅馬受到日耳曼各部族的攻擊與入侵，國力日益低落，最終在四七六年被日耳曼人傭兵隊長奧多亞塞（Odoacer）劃下休止符。此後，雖然日耳曼人成立了王國，但波愛修斯仍計畫將亞里斯多德與柏拉圖的全部著作翻譯成拉丁語；這正是他所處的古代末期、帝國滅亡後的西部羅馬的文化狀況與背景。然而，波愛修斯只翻譯了一部分亞里斯多德的著作便因失勢而遭到處死——這一點我們在後面會提到。波愛修斯流傳給拉丁語世界的亞里斯多德相關著作，成為「舊邏輯學」的重要文本。

在波愛修斯與同時代的卡西奧多羅斯（Cassiodorus, ca. 485-580/82）之後，直到加洛林王朝、也就是查理大帝（又稱「查理曼」）的時代，思想史上並無值得特別大書一筆的人物。接下來，雖有愛留根納（Johannes Scotus Eriugena, ca. 801/25-877）和安色莫等宛如璀璨星辰的不世出天才，但西歐中世紀的哲學要恢復往昔的輝煌，還得等到十一世紀末左右才開始。雖然邏輯學的燈火在加洛林時期重新點亮，但要正確理解邏輯學著作這類難解且專門的文本，學問的累積仍然不可或缺。隨著經濟實力的提升、城市的發展以及教育需求的增加，作為大學前身的城市學校開始出現，這也推動了對波愛修斯文本的正確理解，並進而超越這些成就。在這個邏輯學復興與發展的時期，存在於其中的邏輯學被稱為「舊邏輯學」。

那麼，舊邏輯學主要處理的是何種事項呢？當然，這隨著時期與個體的不同而有所差異，要一網打盡地概述也是不可能的，因此我們試著以亞貝拉為例來展開探討。亞貝拉被稱為「舊邏輯學的頂點」，是舊邏輯學無可非議的代表性人物。從他的邏輯學著作《邏輯入門》（*Logica Ingredientibus*）的架構來看，主要是對波菲利的《導論》、亞里斯多德的《範疇論》、《解釋論》，以及波愛修斯的《論意象》（*De topicis differentiis*）等作品加以註解。波菲利是走新柏拉圖主義路線的古代哲學家，他的《導論》是為了作為亞里斯多德《範疇論》的入門書而寫成；波愛修斯的《論意象》則是基於亞里斯多德的意象論而創作的。如此一來，自然給人一種感覺，似乎亞里斯多德的《工具論》（圍繞邏輯學的著作群）及其介紹著作，已經為邏輯學領域劃定了範圍。因此，對波愛修斯所介紹的亞里斯多德及相關邏輯學著作加以註解，並在這些註解中發展自己的立場，便是舊邏輯學所致力經營的主要事項。

新邏輯學

讓我們把話題轉移到新邏輯學。十二世紀中葉，迄今為止西歐未曾讀過的亞里斯多德著作流入當地；在邏輯學著作方面，有《前分析篇》、《後分析篇》、《論題篇》、《詭辯篇》等作品。自此以降展開的邏輯學，就是「新邏輯學」。時序邁入十三世紀後，巴黎大學等各大學陸續誕生，學術中心也從都市學校轉移到大學，這時候發展起來的學問被稱為「經院哲學」。在大學這個教育制度中的學生，在專攻神學、法學或醫學等專門學術之前，會先學習所謂的博雅教育；邏輯學不只是博雅教育的科目之一，而且是最受重視的科目，占有穩固的地位。

在這種情況下，新邏輯學處理的是怎樣的事態呢？我們就以新邏輯學中，或許是名聲最響亮的奧坎的威廉（William of Ockham, ca. 1285-1347）為例來看看吧！奧坎的邏輯學著作《邏輯大全》，主要是由三個部分構成：第一部為「語言」、第二部為「命題」、第三部為「三段論法」、「推論」、「誤謬推理」。這三個部分又分別有所對應：第一部對應《導論》與《範疇論》，第二部對應《解釋論》、第三部則是對應《前分析篇》、《後分析篇》、《論題篇》、《詭辯篇》的議論。簡單說，新邏輯學也是以亞里斯多德著作的論述為主軸來推動邏輯學的發展；不過，在討論語言的第一部中，除了《導論》與《範疇論》的內容以外，也論及了中世紀邏輯學發展出的「指代」（suppositio）理論，這點也是必須提及的。

誠如上述，整個中世紀邏輯學的中心就是亞里斯多德，雖然有一部分例外，不過主要還是深入議論亞里斯多德文本的註解與介紹。換言之，中世紀邏輯學的守備範圍，可以說就是在亞里斯多德的邏輯學著作群、或者說「亞里斯多德—奧坎」所處理的領域之內。

儘管如此，我必須提醒讀者，不要將上述說明誤解為「中世紀邏輯學完全未曾超出亞里斯多德的範疇」。前面提到的指代理論確實不在亞里斯多德的體系中，但中世紀邏輯學仍以其高度洗鍊的理論而著稱。曾有某位近代哲學家認為，雖然中世紀邏輯學沒有從亞里斯多德的哲學中倒退，但也沒有實現進一步的發展。人們對自己不理解的事物，往往會認為其毫無價值。從這層意義上來看，這位對中世紀邏輯學做出評價的人，雖然是一位對後世影響深遠的偉大哲學家，但他和我們一樣，也具備了人性的缺陷。因此，對於這段插曲，我們只需莞爾一笑。然而，正因為他的影響力深遠，這對於正確評價中世紀邏輯學產生了重大障礙，這一點無法否認，的確是一種遺憾。

三、波愛修斯——披著海鷗皮的老鷹？

波愛修斯這個人

讓我們把前面提到的波愛修斯視為這個冒險故事的第一位主要人物。隨著羅馬帝國的滅亡，哥德人狄奧多里克在西羅馬的土地上建立了東哥德王國；在這個時期，身為羅馬人的波愛修斯擔任了他的宰相。然而，後來波愛修斯被懷疑有意與東羅馬聯手反叛，最終遭到下獄並被處死。

就像前面提及的，雖然波愛修斯計劃將亞里斯多德與柏拉圖的全部著作翻譯成拉丁語，但只實現了一部分；具體來說，翻譯完成的是《範疇論》、《解釋論》、《前分析篇》，以及不屬於亞里斯多德的《導論》，翻譯完成卻佚失的則有《後分析篇》、《論題篇》以及《詭辯篇》，除此之外還加上了許多註解。在邏輯學的事業方面，他撰寫了西塞羅《論題篇》的註解書，以及關於定言推論、假言推論、意象的各種邏輯學著作。除此之外，他還寫了關於算數與音樂的各種教本、五篇關於基督教教義的論文，以及在獄中撰寫的《哲學的慰藉》等作品。

這樣看起來，雖然他未能實現翻譯柏拉圖和亞里斯多德所有著作的宏偉計畫，但以他擔任政府要職、而且在四十五歲左右便逝世的情況，仍然堪稱是超乎想像的偉業。波愛修斯在一般的看法中，是位精通語言學的「知識人」。確實，他翻譯外來的希臘思想，而且更進一步編譯先前的註釋作品，再以簡明易懂的方式，彙整成自己的註釋書。可是，事實真的只是這樣嗎？比方說《哲學的慰藉》有一段時期，有許多研究者都認為這本書並非波愛修斯本人所著。理由很簡單，這本隨處引用古典作品、運用修辭學技法、充滿文學風韻的作品，很難想像是在等待處刑的牢獄中書寫而成。

因此可以說，波愛修斯的思想非凡，遠遠超出一般人的常識。他在神學論文中持有「不值一讀我書者，便不足以作為對象」的觀點，展現出一種對讀者（對象）的排他性態度。另一方面，儘管他著作中涉及基督教神學論爭，許多研究者仍對他是否真正信仰基督教心存疑慮。或許他是在不穩定的政治身分下，避免表現出過於鮮明且獨特的立場。如果要用比喻來形容，他就像一隻外表裝扮得光鮮亮麗的海鷗，實際上卻隱藏著爪子的老鷹。

但無論如何，這裡仍必須指出，在繁忙且前途難料的情況下，他從柏拉圖與亞里斯多德的所有著作中，首選翻譯和註釋的是亞里斯多德的邏輯學作品。

普遍性的問題——波菲利《導論》

亞里斯多德的作品是在西元前一世紀，由逍遙學派的安德羅尼克斯（Andronicus of Rhodes）編纂成現存的形式。在所有亞里斯多德的著作中，他將關於邏輯學的各部作品置於最前面。這些邏輯學著作層層累積，涵蓋語言、命題、三段論法、論證以及誤謬推論等內容。放在邏輯學體系最前面的是討論語言的入門書《範疇論》，該書由波菲利（Porphyrios）撰寫。儘管它並不是亞里斯多德的著作，卻例外地被包含在內。

《導論》解說了「屬」（genus）、「種」（species）、「差異性」（difference）、「固有性」（property）、「偶然性」（accident）這五種普遍性概念。在這篇作品的開頭，一方面介紹了關於「屬」和「種」這自古以來的難解問題，另一方面卻也以「不適合入門書」為由，留下一段避免詳細解釋的文字：

一、屬、種是實際存在的嗎？／還是由心隨意創造的概念？
二、如果它是實際存在的——那麼它是物體？／還是非物體？

三、若是非物體——則它是離開個別物體而存在？／還是存在於個別物體之中？

從上述第一到第二點、第二到第三點的問題聯繫來看，他認為「屬」和「種」是實在且非物體的。以「人」這個「種」為例，我們每個個體作為人、被認知為人、並可以稱之為人的依據，是一種非物體的存在。然而，這種存在究竟是如柏拉圖的理型論所言，存在於與個別物體有所不同的領域，還是如亞里斯多德所主張，以本質形相（eidos）的形式存在於個別物體之中？這是一個確實不適合入門書且深遠難解的問題。哲學史上著名的普遍論爭，正是開始於波菲利的這段記述。

真理與存在——波愛修斯的解答

這個普遍論爭的重點可以表達為「一與多的兩難」。以人為例，當我們指稱「中島」這個人時，可以說他是個「人」；同樣，指稱「山內」和「納富」時也可以說他們都是「人」。那麼，對於迥然不同的人們，我們能否說他們屬於相同的「種」呢？在承認有許多個體的情況下，我們無法強硬地說他們是「同樣的人」。另一方面，若我們因為「人」只有一種，而認為多個個體「同時屬於同樣的東西」，這樣的觀點也是毫無道理的。

當波愛修斯提及這個抽象問題時，他試圖將討論轉向認知層面，為此問題作出解答。簡單來說，關於中島、山內或納富都是「人」這一點，感覺能力是針對個別物體的感知，而知性則是從感覺中獲取認知並抽象化處理。儘管我們可以將被抽象的人視為「非個體」——即不屬於現實、超越個人的（人）種——但這樣的思考仍然是真實的。當我們用這個被抽象的「人」來指稱中島時，這一情況同樣是真實的。從「認知個別中的普遍」這一點來看，「普遍存在於個體之中」，這正是波愛修斯的觀點。對於「一與多的兩難」這一存在問題，他透過抽象，使得「唯一、被思量的普遍存在於『多』」成為真實，並以「屬、種是對實在的真切思考」來作出解答。

但實際上，波愛修斯的論述方式相當曖昧。他的神學論文類似於密教，而且其普遍理論包含了多重意義。事實上，他一方面聲稱「思考是普遍的」，另一方面又說「在個體之中有普遍的存在」。換言之，他一邊主張「普遍是一種概念」，另一邊卻又認為「普遍是個體中的實在」。因此，許多研究者批評他不但沒有解決問題，反而使問題更加複雜，掩蓋了真正的爭議所在。

四、亞貝拉──中世紀哲學之狼

對波愛修斯的繼承與背離

接下來將以速寫的方式描述波愛修斯之後、古代時期結束時中世紀拉丁世界思想所呈現的圖景。在數百年後，波愛修斯的作品仍被學者所研究的這個時代，邏輯學領域中出現了一個在今天看來似乎有些奇妙的問題，那就是「邏輯學處理的對象究竟是事物還是言語？」不過，這樣的表述或許仍顯得過於籠統；其實它主要針對的是在邏輯學入門基礎的《範疇論》或《導論》中所討論的「範疇」和「普遍」，究竟是指「事物」（res）還是「聲音」（vox）？從今天的角度來看，這或許是一個讓人感到困惑的問題，但如果我們思考「作為邏輯學基礎的範疇與普遍，是否在『世界的實在』中擁有可循的依據，以及是否屬於具有規範性的事物」，就不會感到格格不入了。在這些學者當中，占多數的正統見解認為邏輯學處理的對象是「事物」這一領域。

根據上述觀點，若透過波愛修斯的解題方式來解釋「普遍性」，這也是正統且合宜的。然而，在這種脈絡下，他們認為波愛修斯的解釋是，實際上亞里斯多德主義的本質形相存在於個體之中；換言之，普遍是實在的，並且被物體化，存在於個體之中。這就是波愛修斯試圖闡釋的道理。因此，沿著上述方向來解釋「普遍性」的問題，此一解釋便被認為是波愛修斯思想的正統後繼者。

相對於此，將邏輯學視為「聲音之學」的觀點被認為是時髦且新穎的。這裡需要說明何為「聲音」：所謂的「聲音」，是指承載「聲音」這一媒介的話語。在那個時代，作為文字載體的羊皮紙價格高昂，只有特別需要記錄的重要事件才能被寫下。因此，記憶與朗讀變得相當重要，這使得我們可以理解為：言語即是聲音，聲音即是言語。換句話說，人們所使用的具有規範性的言語，就是聲音。在這樣的背景下，亞貝拉作為邏輯學派的最後一位代表，亦是一位學派的改革者。

亞貝拉這個人

如果要形容亞貝拉，他就像一隻「狼」。十二世紀的西歐，雖然被稱為「十二世紀文藝復興」，是各種文化變化誕生的時期，但距離文化的成熟仍有很長一段距離。當時正值亞里斯多德思想傳入西歐的前夕，而柏拉圖的著作僅有《蒂邁歐篇》流傳。在這個思想資源尚不充足的時期，甚至可以說是「思想的荒原」，亞貝拉透過不依賴於既有遺產的方式，獨立深入思考，展現出強韌的思考能力和尖銳的邏輯，宛如一匹狼。儘管他有眾多弟子相伴，卻依然是一隻孤獨的狼，無法找到真正的同輩或夥伴。在遭遇村中長老、教會內實力派人物（如伯爾納鐸）的嫌惡與攻擊時，他的孤獨感更是顯著。另一方面，他與哀綠綺思（Héloïse）的書信往來頗為著名，但在啟發這位極具魅力的女性時，他卻也被視為反派角色，這一點使得他更具狼性。

亞貝拉和哀綠綺思的書信往來始於亞貝拉五十來歲、哀綠綺思三十來歲時，當時他們分別在不同的修院擔任院長。關於信件的具體內容，在這裡無法詳細介紹，但這些信件，尤其是哀綠綺思的信件，中世紀的厭女者視為危險女性的典型，近代浪漫主義者則認為它們超越時代，展現了熾熱的愛情。對現代女性主義者而言，這些信件則成為在壓抑女性的時代中掀起叛旗的象徵，具有強烈的吸引力。無論如何，哀綠綺思無疑是一位博學、聰明且堅強的女性，歷史上其魅力屈指可數，而激發這種魅力的，正是亞貝拉這隻孤狼。畢竟，在「小紅帽」和「三隻小豬」的童話中，反派的狼都是不可或缺的角色。

這些書信往返中最初的信件，是亞貝拉敘述自己的半生，稱為「苦難史」的一封信。在這當中，他提到自己與老師——尚佩的威廉就「普遍性」展開論爭，並打敗對方的故事。威廉這位學者也是教會內的實力派，哲學上忠實於波愛修斯的立場，認為普遍實在於個別事物之中。例如，他主張中島、山內和納富作為存在者（物），都擁有同一的「人」這種普遍性。然而，在論辯失敗之後，威廉不得不退一步，認為「作為存在者的同一」這一主張是基於「無差別和酷似」的同一性。

言語與存在——亞貝拉的解答

既然亞貝拉批判了老師對於「物的普遍乃是實存」的立場，那麼他自己的答案又是什麼呢？關於這一點，他在先前提到的《邏輯入門》中說明自己的觀點。相對於波愛修斯將問題轉移到「抽象」這一認知範疇，亞貝拉則將討論轉向「表示」這一意義領域，以此來解決問題。

在回答《導論》的三個問題之前，他首先引用了亞里斯多德《解釋論》的內容，指出「普遍」是「用來描述複數事物的最佳表達」，並認為「普遍」就是聲音（話語）。接著，針對第一個問題：「屬、種是實際的存在嗎？還是隨意創造的概念？」他的回答是，「屬、種是對實在事物的表示」，並「創造出對實在的正確理解」。換句話說，在意義層面上，「人」這個聲音的出現會在聽者的心中形成對「人」的理解，並指示出個別的存在。對於第二問：「它是物體？還是非物體？」，他的回答是：「普遍，是以非物體的方式表示物體的個別存在，雖然個別事物實際上是獨立存在的，但它們作為整體被賦予了意義上的表徵。」最後是第三問：「它是離開個別物體而存在？還是存在於個別物體之中？」亞貝拉的回答是：「普遍的理解來源於感官，即個別事物。」從現代的「解釋與文本註解」角度來看，這樣的解釋可能顯得過於牽強，因為亞貝拉強行將問題轉向語言和意義的領域來作答。

雖然亞貝拉以強行轉移領域的方式來回答普遍問題，但他認為普遍問題的核心仍然是存在問題，這使得他最終又回到了存在的議題上。他將這種存在問題稱為「賦予名稱的原因」。例如，為什麼我們稱中島、山內或納富為「人」，卻不稱他們為狗或貓呢？這正是他的疑問。亞貝拉或許正是從這一點出發，對威廉的立場展開了衝突。如果從亞貝拉的角度來回答這個問題，他會簡單地指出，相對於中島等擁有普遍性「人」的特徵，狗或貓則不具備這種特性。對於這一問題，亞貝拉使用了「事態」（status）這個術語。他認為「作為人的要素」可以稱為「人的事態」，而每個人正是因為擁有人的事態，才被稱為「人」。接著，他補充說，這種事態「絕對不是事物」。換句話說，雖然他引入了「賦予名稱的原因」，但對於這種存在身分的具體意義，他並未能清晰地加以說明。

對於既屬於非事物、又在持有一般名稱的意義表示上成為實在根據的「人的事態」或「作為人的要素」，亞貝拉在《邏輯入門》之後寫成的《邏輯學：波菲利的評註》（*Logica Nostrorum Petitioni Sociorum*）中，其實很少使用「事態」這個術語；相對而言，他的論敵威廉的弟子們在文本中卻頻繁使用「事態」這一詞彙。對於威廉的弟子們而言，「事態」指的是個別事物所具備的各種狀態，並可以靈活地運用。亞貝拉所使用的苦肉計反而被論敵巧妙利用，最終使得他不得不放棄這一立場。

因為個別的人在「作為人的要素」中達成一致，所以可以用「人」這個詞來填滿。雖然這種解釋聽起來像是一種套套邏輯，但我們可以認為，他正確表達了語言這一特殊工具的特殊情境。在這裡，我們也能看到亞貝拉在將「普遍性」這一存在、認知與語言交織的場域中，單憑強韌的思考力奮力探索的情景。畢竟，他並不具備亞里斯多德的形上學這一強大武器。

中世紀邏輯學的發展與再發現

就像速寫中所言，在亞貝拉之後，亞里斯多德的著作陸續傳入西歐，讓思想界的面貌發生了重大變化。在邏輯學方面，推論的邏輯著作得以為人所知，同時新的理論——指代理論，也日漸精細化。簡單來說，他們將由意義論引起的悖論稱為「insolubilia」，並對其予以詳細分析，試圖加以解決。另一方面，他們對於推論，特別是如何避免邏輯謬誤的方法予以深入研究，並討論了分析推論中的悖論應遵循的規則，即所謂的「obligatio」。此外，對於命題中的項辭（主語和述語）究竟指示什麼，指代理論也隨之發展。例如，「人」之所以能賦予「人」這一意義，是因為它已被當作前提，構成了命題。在命題中將「人」以其他某種事物（如特定個人、不特定個人、人的集合全體、作為種的人或作為語言表達的人）來替代，這就是「指代」，也是中世紀邏輯學者的主要分析目標。

在舊邏輯學積累的土壤上，撒下了重新傳入的亞里斯多德的種子，並以大學制度作為肥料，促使中世紀邏輯學迅速成長茁壯，開枝散葉。就神學理論的發展而言，這是一門必須深入思辨的學問，而邏輯學則是不可或缺的重要工具。在重視邏輯學的文化中，對其關注也促進了邏輯學的發展。然而，當邏輯學這一特殊意義的學問隨著理論的進步而日益精緻時，同時也為外部人士築起了一道高牆，導致許多初學者無法入門。更有甚者，後來的哲學家因不理解這一學科，而對其給予不當的評價。實際上，對中世紀邏輯學的重新評價，直到二十世紀符號邏輯學與語言哲學的發展後才開始出現。例如，在現代以亞瑟・普里爾（Arthur Prior）和彼得・蓋奇（Peter Geach）為首的哲學家，便將注意力集中在中世紀哲學上。可以說，這是透過現代語言哲學對中世紀邏輯學的再發現。

關於中世紀與現代的連結，最後要補充的是將亞貝拉的邏輯學與現代語言哲學聯繫起來進行解釋的學說。具體而言，在現代哲學的本體論領域中，唐納德・威廉斯（Donald Cary Williams）的「喻示」（tropes）理論受到關注，有學者主張亞貝拉的附帶性理解與喻示理論相當相似。不僅如此，之前提到的亞貝拉意味理論也被認為與克里普克（Saul Aaron Kripke）的指稱因果說有相似之處。還有研究者指出，亞貝拉的主張是弗雷格所提出的意義（Sinn）與意味（Bedeutung）理論的先驅。我們姑且不論這種將兩者賦予關聯的做法是否恰當，但這樣的解釋之所以讓人覺得合理，無疑與亞貝拉作為孤狼的思考能力有關。而這種留有解釋餘地的特點，正是中世紀邏輯學的一種魅力之一吧！

延伸閱讀

沓掛良彥、橫山安尤美譯，《亞貝拉與哀綠綺思的情書》（岩波書店，二〇〇九年）——根據畠中尚志的譯本加以改譯，將用字遣詞改為現代風格，文字也放大，讓人更易閱讀。對於哀綠綺思的信，不管讀多少遍，都讓人驚異不已。

理查．魯本斯坦（Richard E. Rubenstein）著，小澤千重子譯，《中世紀的覺醒》（筑摩學藝文庫，二〇一八年）——這本中世紀哲學史入門書運用了視覺性的表現手法，易讀且充滿魅力。第二章和第三章分別探討了波愛修斯和亞貝拉。此外，因為已出版成文庫版，購買也非常方便。

山內志朗，《普遍論爭：作為近代的源流》（平凡社Library，二〇〇八年）——這本書打破了以往的眾多常識，堪稱一部紀念碑式的作品。而且它已經出版成文庫版，購買相當方便。

麥克雷迪（A. S. McGrade）編，川添信介等譯，《中世紀哲學：劍橋指南》（京都大學學術出版會，二〇一二年）——按主題分類的中世紀哲學史概論書，第三章是「言語和邏輯學」。

專欄一

羅馬法與中世紀　藪本將典

對於羅馬法與中世紀的關聯，一般認為十二世紀初期在波隆那發生的「羅馬法復興」是重要的轉折點。然而，就像「日耳曼部族王國也存在著羅馬人法典」所示，歷史上羅馬法並未被遺忘。那麼，所謂「羅馬法復興」究竟意味著什麼呢？

先提出結論，也就是「法學的復興」。自學派之祖伊爾內留斯（Irnerius, ca. 1060-1130）出現以來，羅馬法成為中世紀人們思考高層次法律的重要知識源泉，並達到了與古典羅馬法學者相媲美的水平。這便是所謂「中世紀羅馬法學」的誕生。

話說，直到十六世紀初期的中世紀羅馬法學，都是從解釋聖經的訓詁技巧出發。成為解釋對象的《查士丁尼法典》，是透過地上唯一的立法者——羅馬皇帝之口，傳述神之話語的集大成，因此被賦予與聖經同等的權威。法典中的各項文本（法律條文）也透過逐字逐句的註釋加以檢討。在解釋過程中不可避免地會出現法條矛盾，這時便會援引經院哲學的方法論，透過「包攝」（subsumtion）與「法理學」（topic theory）來展開推論，最終匯集議論，達成法條的無矛盾，並確認代表絕對真理與正義的法典權威。

由此可知，中世紀羅馬法學將作為中世紀思想特色的「權威」與「理性」精妙調和，並因此立足於理論的基礎。這使中世紀的羅馬法學被寄予厚望，期待其在帝權與教權爭奪至高權力的理論鬥爭中發揮積極作用。因此，負責研究與教育的法科大學被雙方賦予了許多特權，如自治權和學位授予權。

另一方面，就像「教會是隨羅馬法而生」這句格言所形容，與同時代的中世紀羅馬法學並駕齊驅的就是教會法學。自古代以來，教會透過主教的審判權維持著固有的教會法（如聖經、大公會議決議、教父的見解、教令及羅馬法案例的匯集），但始終存在一個不利之處，即缺乏一套作為權威文本的法典。因此，雖然教會法學最初不被視為獨立的學術領域，但在「教會法上不明的問題應該遵循羅馬法」的認知下，他們積極引進中世紀羅馬法學的成果。結果在一一六〇年代，教會法學也作為中世紀羅馬法學的姊妹學科，獲得研究與教授的地位。

隨後，結合相輔相成發展的兩種法學，持有「雙法博士」（juris utriusque doctor）學位的人逐漸出現。他們的共同法學知識形成了各地普遍通用的法理，即「普通法」（ius commune）。經阿庫修斯（Accursius, ca. 1185-1263）整理、並由巴托魯斯（Bartolus, 1313/14-1357）確立的普通法，至今仍是歐洲法的根源。

專欄二

懷疑論的傳統與繼承　金山彌平

「懷疑」一詞在日語中通常被認為帶有消極否定的意味。然而，作為「懷疑論」（scepticism）語源的古希臘語「skepsis」，其原意是「考察」。對於古希臘哲學家而言，他們將「幸福」視為眾人追求的目標，而「熱愛」（philein）「智慧」（sophia）的活動，即「哲學」（philosophia），更被奉為至高的命令。在這樣的背景下，「skepsis」作為通往幸福的重要方法，具有極其肯定且積極的意涵。特別是堪稱「考察生命」化身的蘇格拉底，更是將自己的生涯奉獻給透過「問答法」來質問批駁公民同胞、從而使他們領悟自己無知的哲學考察活動。中世紀哲學繼承了問答法的方法，將和某立場A相反的立場B加以對置，從到達更加高層次的C；但在這過程中，若是徹底貫徹「無知的理解」這一立場，則C當然也會有一個相反對置的D，於是這個過程就會無限持續下去。蘇格拉底的弟子柏拉圖創立的學院（Academia），在西元前三世紀由學院領袖阿爾克西拉奧斯（Arcesilaus）轉向懷疑主義，其主因之一即源於此。

可是真正的、無法到達結論的「skepsis」，真能帶來幸福嗎？由前三世紀下半葉至四世紀上半葉的哲學家皮浪所創始的「皮浪主義」，在這點上對哲學史具有重要意義。皮浪主義者採取不拘泥於確實「知識」的「判斷保留」；他們視為實質「幸福」的，則是「寧靜」（ataraxia）。之後，古代懷疑主義者恩不里柯（Sextus Empiricus）的《皮浪主義哲學概要》（金山彌平、萬里子譯，京都大學學術出版會）拉丁語譯本於一五六二年出版，對近世哲學家產生了衝擊，從而對以笛卡兒「方法的懷疑」為首的近世哲學發展，產生了重大的影響。

同時也是醫生的恩不里柯推薦的「判斷保留的十種方式」，是一種將所有思考保留在「呈現」層次、每當一項事物呈現，就會有另一項對置的事物呈現，重視「呈現之為呈現」，對它照章全收的方法。這種思想和現代精神醫療矚目的「認知療法」，是彼此相連的。認知療法是將因負面感情而歪斜的認知，透過另一種認知的對置來加以導正。所謂「正念」（mindfulness）的冥想，並不是透過判斷來折磨自己，而是重視對心中所現純粹呈現的遠景，並對一切坦然接受。相傳皮浪曾經跟隨亞歷山大大帝前往東方遠征，在印度遇到了「裸身的賢者」。因此，他的思想起源或許不僅限於希臘哲學，還可能深受印度冥想實踐的重大影響。

CHAPTER

five

第五章

博雅教育與文法學

關澤和泉

自由学芸と文法学

本章的重點放在博雅教育（Liberal arts）的傳統，探討其在西方中世紀的哲學與學術中所扮演的角色。特別是在後者，將聚焦於圍繞查理大帝（查理曼）身邊、以阿爾琴（Alcuin of York）為首的學者，並概觀在他們之前與之後的文法學發展。

一、複數的博雅教育

書籍的產生

十九世紀後半的法國詩人馬拉美（Stéphane Mallarmé, 1842-1898）一直夢想編纂一部「書籍」。這部在他生前未能見天日的「書籍」，在他過世後半世紀的一九五七年，相關草稿終於在整理後得以出版，並廣為人知。這本書的大致內容如下所述（清水徹，《馬拉美的「書籍」》水聲社）：

「書籍」的最小構成單位，是用兩張對折紙構成一頁、兼具檔案夾功能的封面，以及夾在中間的三頁。後者沒有裝訂起來，因此可以將其他的檔案紙夾進去代替。包含封面在內的各紙片上，都印刷有文字列（詩），就算把其他紙片放進去替代也可以成文，設計相當精妙。馬拉美構思的「朗讀會」，是將這些紙片從收納的特殊家具中取出，按照情況加以變換組合，於是每次閱讀，都會產生出相異的詩文……。

馬拉美的這本「書籍」構想，伴隨編者傑克・謝雷爾的長篇解說出版後，對同時代的藝術家產生了重大影響。比方說，後來以指揮者聞名的作曲家皮耶・布萊茲（Pierre Boulez, 1925-2016），就相當熱中閱讀謝雷爾的校訂本。當時他正在創作中的第三鋼琴奏鳴曲，就是依據馬拉美構想的理論與美學，採用每次演奏可以交換順序的區塊所構成。據他本人所述，這一影響程度讓他「深感震撼」（參考笠羽映子譯，《布萊茲／凱吉往返書簡》，Misuzu 書房，末尾收錄的原編者解說）。

以《多瑪斯・阿奎那的審美觀念》，開啟西方中世紀美學研究的安伯托・艾可（Umberto Eco），在觀察了當時的前衛藝術活動後，提出「開放的作品」的概念。他認為馬拉美的構想，呼應了中世紀以來由拉蒙・柳利（Raimundus Lullus, ca. 1232-1315）提出，透過有限符號的組合產生無限知識的構想。艾可的《開放的作品》出版後引起了廣泛的迴響，喚起現代對中世紀符號學的關注，並與這一啟蒙活動緊密相連。值得一提的是，之後會觸及的「模態論」（modalism）是由艾可的弟子、義大利當代重要學者康士坦提・馬爾摩（Costantino Marmo）所提出的概念。

在博雅教育與 Liberal Arts 之間

為什麼我們要以十九世紀詩人馬拉美的這部作品開啟本章？這部作品以交錯的文字與紙片構成，其千變萬化的形式，不禁讓人聯想到「全球資訊網」這一超文本書籍的構想，網路的連結方式同樣使內容得以自由變化。馬拉美的書籍意象，不僅有助於我們理解中世紀博雅教育的概念，還揭示了當時媒體形式如何促成這一概念的實踐（關於當時媒體形態與知識實踐的交織如何影響大學的歷史，以及與未來發展的連結，參考吉見俊哉的《大學是什麼》（岩波書店）以及本書第一章）。因此，我們首先必須釐清「博雅教育」一詞的當代用法。

本章所謂的「博雅教育」，在日語中稱為「自由學藝」，在拉丁語中則被稱為「artes liberales」，在歷史上又被稱為studia liberalia或liberales littera。一般來說，「博雅教育」可以分為語言方面的三個知識學門：文法學、邏輯學（辯證學）與修辭學，以及數學方面的四個知識學門：算術、幾何學、音樂（學）與天文學。將算術處理的離散量應用於現實，就成為音樂；將幾何學處理的連續量加以應用，則成為天文學。這七個學門共同構成了博雅教育，因此又稱為「自由七藝」。雖然在某些情況下學門的數量可能減少，但在西方中世紀，正如後述，博雅教育實際涵蓋了多元的領域。

這種博雅教育的傳統，在英語中稱為liberal arts。若從日語的脈絡來看，則延伸出「教養」這個詞彙，但今天直接使用英語的「liberal arts」或許更為適當。事實上，日本學術會議在二〇一〇年推出的「二十一世紀的教養與教養教育」，在分科會報告的開頭就寫著，這是以「創造二十一世紀的liberal arts」為目標。即使在教育界之外也是如此，比方說日本經濟團體聯合會（經團連）在二〇一八年陸續提出的「關於今後我國大學改革方向的建言」、「關於今後的錄取與大學教育之提案」中，就在跨越「文科」、「理科」框架的教育（教養）必要性這一文脈下，強調了「liberal arts」的重要性。再者，將科學、技術、工學、數學予以實踐性統合的「STEM」教育擴張成「STEAM」教育的議論中，所謂的「A」也不只是指藝術（arts），而有「liberal arts」之意。（參考胸組虎胤，〈STEM教育與STEAM教育〉，鳴門教育大學研究紀要，第三四卷，二〇一九年）

混亂中的博雅教育

那麼，今日追求的「liberal arts」與教養教育究竟是什麼呢？大部分提及的重點集中在跨越專業範疇、以倫理為基礎的古典教養形象；另一方面，還有許多人將焦點放在大學畢業後的活動，強調跨領域能力（generic skill）的培養與回歸。針對後者，則有許多課題需要思考：我們是否有可能擺脫各個專業範疇的學術型態，開發出更高層次的知性能力？如果可以，那麼大學的意義又是什麼？更進一步地說，一個執著開發這種能力的社會，所要追求的究竟是什麼，最終的目標又是什麼？（參考松下佳代編著，《「新能力」能改變教育嗎？》（米涅瓦書房）、本田由紀的

《多元化「能力」與日本社會》（NTT出版）、中村高康，《暴走的能力主義》（筑摩新書）等作品。〕

這種混亂的背景，實際上與日本的高等教育在歷史脈絡上曾經歷過的教養教育有關。在戰前，舊制高校的教養主義以培養「人格」為目標，戰後則銜接了「通識教育」的概念。通識教育起源於美國，以博雅教育為基礎，旨在批判菁英主義的教育模式，並致力整合來自不同背景的公民。相對於各學科的專業教育，通識教育的負責單位，主要以國立大學的教養學部負責，並將其制度化，既吸納了人數急劇增加的大學新生，也在一定程度上發揮了調節作用。然而，日本自一九九一年起廢止了專業教育與通識教育的區分，導致負責這類教育的專責機構失去了制度上的基礎。（吉田文，《大學與教養教育》，岩波書店）

博雅教育意味著「使人自由」（？）

日本「通識教育」的起源於美國備受爭議的「博雅教育」，爭議的原因在於後者追求的西方價值觀並非完全一致。布魯斯・金博爾（Bruce A. Kimball）追尋「博雅教育」的傳統，並觀察其中包含的哲學家與雄辯家傳統。他描繪了這兩種傳統的交替，直至現代的博雅教育歷史，最終引出兩種不同的典範：第一種典範以雄辯家傳統為中心，形成於古羅馬，立基於透過古代經典引導公民，旨在塑造有德之人的古典博雅教育模式；第二種典範則是在十七至十八世紀逐漸明確，以懷疑與批判既有權威的態度為核心，形成了「學術自由」（liberal free）的典範。透過這一分析框架來探討美國的爭議，可以理解今日仍經常聽到的「博雅教育使人自由」這句話的語源背景。在進入二十世紀後，這一理念重新興起，並成為反覆訴求的教育核心。〔參考《*orators & Philosophers*》（一九八六；一九九五）雖然本書沒有日譯本，不過在大口邦雄，《博雅教育是什麼》（參考社）已彙整其概要〕

那麼，拉丁語中的「博雅教育」究竟有什麼意義呢？在中世紀，此概念的涵義並不止於一種解釋。事實上，在進入大學時代（此處指的是各地大學制度逐漸穩定的十三世紀）後，常常可以看到將博雅教育定義為「使人自由」的情況。例如，針對大學中的學習與探究活動，人們熱衷討論這些學問究竟應該具備哪些特質，應學習哪些著作，或是應遵循哪些權威作者（auctoritas）。因此，與「知識技巧」相關的入門導論類著作在十三世紀急劇增加（同時出現了如何運用這些著作的各種建議）。其中有一本著作，阿努菲斯（Arnulf of Provence）的《各學問之區分》（*Divisio scientiarum*），一般認為成書於一二五〇年。這本書針對「博雅教育」中「自由」概念的起源，提出了以下三點闡述：

所謂「自由」（liberalis），指的是（1）從人間、地上的塵世拘束之中解放（liberalte），朝著天上的愛邁進；（2）在古代，（不屬奴隸）的自由民子弟，被認為已然具備了（自由學藝）；或者（3）（同樣在古代），自由學藝的教師（doctoris）和他的學生（diskipli），因為他們在學術上的卓越性與高貴，而被皇帝免於徵稅。

這本《各學問之區分》，就像這個時代的其他「知識技巧」一樣，檢視了各種十二世紀由阿拉伯語翻譯成拉丁語的著作，以及十三世紀由希臘語翻譯而成的著作，並將廣義的哲學與學問（scientia）視為同義；其中最主要的區分則在於自由學藝與工學〔artes mechanicae，亦可翻譯為「應用科學」〕，涵蓋農業與實踐醫學（medicina practica）〕之間的差異。因此，在博雅教育中，包含了歐洲曾經一度喪失但自前世紀起透過翻譯活動再次入手的各種學問，例如天文與氣象的討論，以及動物學和生物學等。換言之，這裡的「博雅教育」作為一個非常廣泛的概念，旨在將各種學問重新整理並體系化，同時構造相關的教育與研究方法，使這樣的討論成為可能。

那麼，為什麼博雅教育的學問對人類而言是必要的呢？作為神學的理由，阿努菲斯指出，這是因為亞當的墮落使人類在精神和肉體上都處於不完美的狀態，從而導致了罪孽的產生。亞當墮落後，人類精神的不完整需要透過博雅教育來補充，而肉體的不完整則需要透過技術方面的學問來加以彌補。這種見解基本上是基於十一至十二世紀剛從希臘語翻譯過來的《尼可馬各倫理學註解》文本，該文本由誕生於拜占庭的厄烏斯特拉歐斯（Eustratius of Nicaea）所著。

作為書寫技藝的博雅教育

不過，前面引用的阿努菲斯所呈現的是大學時代。要理解十三世紀以前的中世紀博雅教育，還必須了解另一個語源學解釋的傳統。這就是博雅教育（artis liberalis）的「liberalis」一詞，與其說是與「（將人加以）自由地解放（liber）」相關聯，不如說與「（以樹皮製成的）書籍（liber）」這一傳統關係更為密切。雖然在金博爾等人的先行研究中（例如岩村清太，《歐洲中世紀的自由學藝與教育》，知泉書館等）也有提及這一點，但我認為在此應該稍微強調其重要性，以便妥當表達。

這種用法可追溯到十二世紀大量書籍從伊斯蘭世界翻譯進來之前，西歐中世紀博雅教育架構的重要奠基者卡西奧多羅斯（Cassiodorus, 485-585）所提出的定義。生活於五世紀末至六世紀末的卡西奧多羅斯，在退出政界後，為其創辦的修院教育撰寫了兩卷作為教科書的《綱要》（*Institutiones Divinarum et Saecularium Litterarum*）。他一方面提出了必讀的拉丁語作品書目，接著又提醒讀者，如果覺得這些書籍尚不充分，應該回溯希臘語原本並加以閱讀。《綱要》的第一卷主要解釋聖經詮釋的方法，而第二卷則展示為達成此目的所需學習的博雅教育綱目。那麼，為什麼自由學藝是必要的呢？在第二卷中，他詳細記載了博雅教育的各個範疇，並探討這些學問對閱讀聖經究竟有何幫助。然而，在第一卷的序言中，他已明確指出理由：如果不掌握世俗學問中教導的文章分段方式（句讀點法，與現今的方式不同），那麼就連閱讀聖經所必須的書籍也無法妥善閱讀。他接著在第二卷中這樣說道：

在本卷中，我們首先必須從文法學開始談起。之所以這樣做，是因為文法學乃是博雅教育的起點與基礎。值得一提的是，博雅教育中包含的「liberales/liberale」這個詞彙，源自於「書籍（liber）」，其實是源於「自由地（切離）」，即「從樹木上剝下來、加以切離的樹皮」。在莎草紙發明之前，古代人通常將詩文書寫在樹皮上。因此，古人既可以創作短篇著作，也可以寫下長篇大論。這是因為樹皮有包裹在細枝外的，也有裹在巨木外的；即使是處理相同的事情，也可以根據其性質來賦予書籍應有的樣貌。（參考田子多津子譯，《中世思想原典集成5》收錄內容，就文脈加以變更）

從引文我們可以得知，今天所指的書籍（liber）與自由（liber），由於「i」的讀音長短不同，因此它們的來源也有所不同。然而，卡西奧多羅斯的解釋並不僅僅是為了糾正這種錯誤觀念。畢竟，這種「因應內容而在形式上產生變化的書籍」（讓人聯想到本文開頭提到的馬拉美之書），以及與之相配合的博雅教育，從此直到中世紀的大學時代，經歷了許多如下的變化。

首先要提到的是塞維爾的伊西多祿（Isidorus, ca. 560-636）。他所編纂的百科全書類著作《詞源》，雖然以現代觀點來看缺乏一些獨創性，但卻集結了在他之前各個領域的知識。在八世紀的阿爾琴時代之後，人們逐漸重新閱讀古代著作之前，這部作品與卡西奧多羅斯及卡佩拉（Martianus Capella，活躍於五世紀上半葉）的《墨邱利與菲羅吉雅的婚禮》一樣，作為蒐羅古代知識的百科全書，廣泛受到參考。據他所言，自由學藝（artis liberalis）是：

> 稱為liberales者，指的是能夠通曉正確的話語和著述之理（ratio），並能將其撰寫成書（libros）；唯有具備這種能力的人，才能被稱為通曉博雅教育。（《詞源》I, iv, 2）

接下來要提到的是時代更晚的聖維克托的休格（Hugh of Saint Victor），他於十二世紀上半葉所著的《論教學》（*Didascalicon*）。這部著作是思想家伊萬・伊里奇（Ivan Illich, 1926-2002）描述「閱讀」行為轉變的關鍵作品（參考岡部佳世譯，《文本的葡萄園》，法政大學出版局）。在這本書的第三卷第三章中，休格討論了學習七種博雅教育的意義，以及這些學問與書籍之間的關係：

> ……有些人非常熱心地投入七種博雅教育的學習，並認真地記住所有內容。結果，無論面對什麼樣的書籍或文件，無論要解決或證明什麼問題，他們都會翻遍無數書頁，以釐清模糊之處。因此，他們不再依賴博雅教育所提供的規則與論述，而是憑藉自己的精神（cor），逐一運用這些規則與論述。（按五百旗頭博治、荒井洋一譯，《中世思想原典集成精選4》（平凡社library）收

錄變更）

本節所討論「從書籍中產生某種獨立性，並將書籍內化」，其實預示了一世紀後所面臨的困局。隨著學習者的增加和學習書籍的增多，要讓所有成員都接觸到所有必要的書籍（而這些書籍的成本比現在要昂貴得多），並全面學習和記憶，實際上變得相當困難。因此，在十三世紀大學數量逐漸增多的背景下，為了應對這一課題，便需要廣泛使用所謂的「詞藻集」（florilegium）來教學。舉例來說，由賈桂琳．漢梅斯（Jacqueline Hamesse）於一九七四年校訂的《亞里斯多德權威典據集》（*Auctoritates Aristotelis*），是自十二世紀以來逐步累積而成的成果。這部作品將作為權威典據的書籍中的主要觀點加以凝縮，即將亞里斯多德為核心的各類作者與註解者的見解，壓縮成一段段簡短的文字，並條列化彙整成冊，以便於論述中使用。在中世紀大學時代的著作中，也常見引用這類詞藻集的情況；例如，當必須引用亞里斯多德來支持某一命題卻無法找到當代已知的亞氏著作時，就會引用這些詞藻集（在此脈絡下，這些引用常融入註解者的解釋）。因此，這個時代的書籍會因應實際需求，而將構成的文字解體、變形和壓縮，以便流通。

二、文法學與註解的傳統

追尋文法學歷史的意義

在上一節中，我們確認了一件事：對於古代末期到中世紀初期的人而言，文法學因為與包括聖經在內的各種書籍息息相關，被視為其他學術的起點與基礎，因而受到廣泛重視。那麼，對我們而言，文法學的意義又是什麼呢？因此，在這裡我們需要確認一下，在當今時代，追尋作為博雅教育範疇之一的文法學，其真正的意義究竟是什麼。

所謂的文法學，在拉丁語中稱為「grammatica」，其語源來自古希臘的「文字」（gramma）之學，即作為學藝（techne/ars）的文法學。這一概念被後來的古羅馬所繼承，並獨立發展成一門學問。關於文法學，許多作家撰寫了相關著作，其中四世紀的羅馬文法家多納圖斯（Donatus）及其相關註解作品，以及六世紀活躍於君士坦丁堡的普里西安（Priscianus），其著作在中世紀時期廣受閱讀。這些作品所處理的主題和型態也相當多元。

多納圖斯的主要著作分為兩部分：《小文法學》和《大文法學》。前者就像今天在書店可以見到的作品，將某語彙的活用表以清單方式加以簡短彙整，對各詞類的型態、名詞的變化與動詞的活用予以簡潔地呈現，從而使學習者能夠透過默背的方式習得拉丁語的基礎。事實上，在很長一段時間內，它都被用於學習拉丁語的初期階段。而《大文法學》則是從音聲到音素

（文字）、音節、語彙項目，再到詞類，按階段逐一探討，並對短文層級的幾個問題進行較長的描述。

普里西安的《文法學綱要》包含了更多且更深入的理論要素。在近年的研究中，人們認為它在實際流通時，比起《綱要》這個名稱，更常被稱為《學》或者《普里西安之學》。這部作品是長篇大作，涵蓋了與希臘語的對比以及用語的詳細定義。其內容從第一卷到第十六卷主要針對各種詞類展開分析（被稱為《大普里西安（或大文法學）》），而第十七和第十八卷則專注於文章結構的分析（稱為《小普里西安（或小文法學）》）。由於這部作品篇幅非常龐大，因此在中世紀初期，學者們主要參考同樣由普里西安所著、比較簡潔的《名詞、代名詞及動詞綱要》。這種拉丁語的文法學，對我們的世界哲學史為什麼重要呢？

引領法國語言學史研究的西爾萬．歐魯（Sylvain Auroux, 1947-）強調，「文法學化」（grammatisation）──與語言學中的「文法化」（grammaticalisation）是兩個不同的概念──是理解西方如何與其他文明在語言（乃至社會、政治）上接觸的重要概念。在這裡，西方中世紀從希臘繼承並不斷琢磨的拉丁語文法學架構，被應用於從中世紀經歷文藝復興時期直到如今仍在使用的各種語言（相對於拉丁語，這些語言被稱為「俗語」）。這不僅使這些語言的文法體系得以整理，編纂辭典並固定其語言規範，還讓在大航海時代中，歐洲在各地接觸到的語言也依循這一架構來加以整理和變形，從而實現了「文法學化」。儘管自十九世紀以來經歷了重大變動，但拉丁文法學傳承下來的概念與邏輯學傳統的概念相混合，仍然保留至今，並進而引發了這些概念與各語言在內在結構上是否相吻合的問題。〔另外，哲學家斯蒂格勒（Bernard Stiegler）也對這個「文法學化」的概念相當注目。加百列．梅蘭貝爾吉、梅蘭貝爾吉真紀譯，《象徵的貧困：超工業時代》新評論，二〇〇六年〕

然而，拉丁文法學的傳統並非一成不變，至少在多納圖斯和普里西安的著作之間存在著分歧。例如，義大利哲學家喬治．阿甘本（Giorgio Agamben, 1942-）對德希達（Jacques Derrida, 1930-2004）過去提出的「文字學」（grammatology）（《論文字學》，一九六七年）展開批判。德希達將西方思想簡化為對以聲音為中心、壓抑的文字，並嘗試將其解放；然而，阿甘本認為，德希達所描述的聲音，往往只是被文字化的聲音，而這種情況也反映在他對亞里斯多德《解釋論》開頭的解讀中。在《解釋論》中，涉及事物與人類理解、聲音語言表達以及文字語言之間的關係。阿甘本指出，這部作為西方符號理解起源的重要文本，已經透過文字抹消了聲音。文法學者則繼承了亞里斯多德的傳統，認為動物的聲音相對於未被文字化（即不依據要素構成）和未被分節化的狀態，只將人類的聲音語言予以文字化（即依據要素構成）並加以理解（參考上村忠男譯，《哲學是什麼》，Misuzu書房）。然而，這一論述顯然違反了事實。如果從多納圖斯的傳統來看或許是如此（《大文法學》I），但普里西安則引入了「被文字化與未被文字化」、「表意與非表意」的兩個座標軸，認為動物的聲音也可以被文字化。（參考《文法學綱要》〈論聲音〉）

是斷絕，還是連續？——島嶼文法家

讓我們在回到八世紀至九世紀的阿爾琴時代之前，先看看稍微往前一點的時代。在過去被描述為空白時代的七至八世紀，以愛爾蘭和英格蘭為活動背景，有一群被稱為「島嶼文法家」的文法家相當活躍。舉例來說，在七世紀末到八世紀初，由名為「昆那努斯」的文法家撰寫的《拉丁語詳解》（另一說法是此作品是他人贈予「昆那努斯」的），便是對多納圖斯的《大文法學》所進行的長篇註解（主要是對表現與意義的說明和分析）；這些註解的現代校訂版長度達到一百六十頁。在序文中，作者主張博雅教育是對過去亞當所擁有的一切學藝、言語、學問等在知識上的復興，這可以與前面提到的十三世紀版本相比較。同時，作者也針對博雅教育的各個範疇，以及文法學的意義做了長篇論述。他說：「追求睿智的人，絕不能害怕文法學。沒有文法學，就無法獲得任何帶來教養的事物，也無法成為智者。」就這樣，文法家透過註解的傳統，為阿爾琴時代做好了準備。

註解與作者特性，以及校訂的困難

然而，這個時代的這類註解存在著特殊的困難。有些註解是寫在作為註釋對象的書籍的行間或欄外，以類似這樣的格式被完整繼承下來；但也有些註解是從多個註解傳統中取捨、選擇和整合而來，從而產生出新的註解。還有一些註解可能會被累積起來，變成一本獨立的書籍，甚至有的情況是將註解直接插入本文中加以整合，這使得情況更加多樣化。因此，儘管我們可以鎖定——或在某種程度上鎖定——某著作註解的作者，但究竟有多少內容是出自這位作者本人，則實在難以界定。

這種變化的文本傳統在註解從註解書獨立後的十三世紀大學時代依然持續。特別是關於博雅教育的書籍，當遇到難解之處時，往往會根據謄寫者的理解（或考慮自身授課的情況）相對自由地改寫內容。這樣的做法雖然能夠顯示出當時問題文本的接受情形，但卻與傳統的文本校訂手法相悖，而且在大幅修改的情況下，這些內容通常不會被納入校訂版中。傳統的校訂手法旨在重建唯一作者所著的真正單一文本；因此，在我們閱讀這個時代的文本並予以校訂的過程中，潛藏著這樣的困難。

阿爾琴——以各權威論述為基礎來加以調和

八世紀下半葉，以阿爾琴為首，各地的文人陸續集結在查理大帝身邊，這就是所謂的「加洛林文藝復興」。這時候發生了什麼事呢？

阿爾琴在撰寫對話式著作《文法學》時，基本架構依循傳統，並按照多納圖斯的文法學來編寫。他同時利用了波愛修斯對亞里斯多德《解釋論》的第一手註解等邏輯學著作，以期達成邏輯學和文法學的整合性。這一點在清水哲郎等人的研究中得到了清晰的闡述。正如持續累積有關這一時代文法學研究的薇薇安・羅（Vivien Law）所言，稱之為「利用邏輯學來昇華文法學」也是相當恰當的表達方式。

但是，這種比較各權威、探究出更加明確道路的追尋手法，正如語言學史家皮埃爾・施威格斯（Pierre Swiggers）所指出，是在多納圖斯與普里西安之間，也就是文法學的內部來展開的。這個時代，隨著抄本數量的急劇增加，我們可以發現之前幾乎不曾被閱讀的普里西安《文法學綱要》開始受到重視，這又導致了什麼結果呢？阿爾琴在《文法學》中對多納圖斯提出了明確的批判。他指出，「我們所師法的多納圖斯，在這些要點上，的確有相當曖昧、簡短且未曾觸及之處。」（米涅編，《拉丁教父全集》第一〇一卷，頁八八二）另一方面，當他列舉普里西安有關連接詞的眾多性質時，他也說：「多納圖斯的五要素簡潔定式化，清楚呈現了本質的要點，因此在這方面自有其長處。」（同前揭書，頁八九五）。換言之，他對普里西安的重新引進，不是單純將多納圖斯置換成普里西安，而是透過對各權威的比較檢討，形成了更為普遍的論述。在文法學及其他學術的改良過程中，達成了這一目標。這種批判性的整合，為下一個時代的到來創造了契機。

之後的文法學——邁向思辨文法學與模態論

文法學與其他學問的交錯，以及文法學的重新建構，這樣的探索活動在之後仍然持續進行。直到前章的亞貝拉時代為止，這種交錯與重構主要發生在邏輯學領域。然而，到了十三世紀的大學時代，隨著亞里斯多德的各種著作被廣泛翻譯使用，文法學的交錯範疇則擴展至《後分析論》的學術觀，以及自然學和動物學所提供的概念之間。透過這樣的交錯，文法學不僅得以探究比基礎建構更具原理性的解釋，還確立了超越各種語言個別性的普遍性。由於上述探索活動的目標，試圖脫離（或已經脫離）輔助性、預備性學問的地位，因此被稱為「思辨文法學」（speculative grammar）。雖然傳統上翻譯為「思辨文法學」，但根據文脈，翻譯為「理論文法學」可能更為妥當。然而，這樣的探索經常伴隨著一種使命感，即將其他語言中的知性活動翻譯成拉丁語——對於他們來說，拉丁語是知性活動的主要媒介。同時，也伴隨著對這種使命感是否能真正實現的憂慮。

這種使命感具備了怎樣的內涵呢？以當時最新銳的學問——光學方面的著作為首，活躍於各個領域的羅傑．培根（Roger Bacon, ca. 1212-1292），在他於一二六七年前後執筆的《第三著作》中，做了這樣的表示：

> 知曉複數的言語，是邁向睿智的第一道大門，特別對拉丁語世界的居民更是如此。之所以這樣，是因為拉丁語世界的居民，不管是神學也好、還是哲學也好，如果沒有從其他言語（翻譯）過來的東西，就無法構成文本。因此，所有人都有必要熟悉複數的言語，也有必要學習、

教導這些言語（二八章）。

既然如此，他們所憂慮的又是什麼呢？以事物的模態（存在形式）中發掘語言結構的基礎為例，被稱為模態論學派的文法學者之一——達西亞的波愛修斯，在他的《論辯問題集》中這樣指出：

事物及其特性（或者事物的存在模態）在所有人之間都是一致的。這些東西不會因學藝或學術的考察方式而產生變化。因此，（基於事物這一特性的）邏輯學在所有人之間也是同一且不變的……若非如此，則透過希臘人言語、與透過我們（使用的拉丁語）翻譯出來的邏輯學，就不會是同樣的事物了。同樣的道理也可以用在文法學上。（序言）

歐洲於十三世紀大學時代展開的知性活動，就像這樣透過對先行文化圈傳來學術的翻譯可能性、還有以事物同一性為依據的形式確保，為自己的活動賦予基礎。若非如此，則自己是否確實繼承了其他文化圈傳來的學問，就會變得相當可疑。然而，因為這樣而強調言語普遍的一面，也很有可能抹煞掉與邏輯學的差異。這個問題隨著時代遞嬗，遂演變成與唯名論者之間的論爭。

大航海時代——文法學化的前夕

不管怎麼說，像這樣透過吸收其他語言所積累的文化與學問，並將其納入自己的活動中而發展起來的文法學，為將歐洲以外的文化納入自身架構、進行翻譯與重新構築的「世界的文法學化」奠定了基礎。事實上，在大航海時代前的十三世紀下半葉，前述的羅傑・培根，便基於魯不魯乞（Guillaume de Rubrouck）的遊記，做出了以下的記述：

藏人的書寫方式和我們一樣，也有著跟我們類似的（文字）型態。党項人和阿拉伯人一樣從右到左書寫，不過往上延伸的線段比較多一點。東方的契丹人，使用畫家用以描圖的筆來書寫，在一個型態內會寫進複數的構成要素（plures literae 複數的文字），並將這些構成要素（的整體）以一個語彙加以表現。（《大著作》第四部收錄〈地理學〉。另外，堀池信夫《中國哲學與歐洲哲學家（上）》（明治書院）中，曾經對此予以先進的介紹）

從這以後過了三百年，到了十七世紀初期，隨著經院哲學傳統的重振而完成的《科英布拉註解》是傳教士們廣泛收集世界各地知識的成果。這部著作中，傳教士們將中國和日本所使用的漢字描述為「不帶聲音、僅具表意作用、近似數學符號的事物」。這樣的描述不久便引起了萊布尼茲對漢字的狂熱興趣。

延伸閱讀

關於本章的內容，由於可供參考的日語文獻非常少，因此對應各節，更詳盡的文獻表，可以參見這個網址：https://researchmap.jp/izumi_sekizawa/wp3。

伯恩哈德・畢蕭夫（Bernhard Bischoff），佐藤彰一、瀨戶直彥譯，《西方抄本學》（*Paläographie des römischen Altertums und des abendländischen Mittelalters*，岩波書店，二〇一五年）——就像要理解現代的開放科學潮流，必須理解網路一樣，要理解西方中世紀的知性活動，就必須理解當時書籍是怎樣生產、複製、流通，又是如何被閱讀的。特別是當中的C〈文化史中的抄本〉，值得參考。

岩村清太，《歐洲中世紀的自由學藝與教育》（知泉書館，二〇〇七年）——對於本章僅簡單觸及的個別之處，可以合併《中世思想研究》的第五六號（二〇一四年）、第五七號（二〇一五年）的〈中世紀自由學藝〉特輯（可以線上免費閱覽），獲得更詳盡的知識。

艾倫・德・利貝拉（Alain de Libera），阿部一智譯，《理性與信仰》（*Raison et Foi. Archéologie d'une crise*，新評論，二〇一三年）——對於大學時代博雅教育的定位與地位，其中的第四章特別值得參考。

羅伯特・亨利・羅賓斯（R. H. Robins），中村完、後藤齊譯，《語言學簡史》（*A Short History*

of Linguistics，研究社出版，一九九二年）——雖然屬於之後還有研究進展的領域，但這是能夠以日語閱讀、包含最廣的語言學歷史。目前我們仍然是從第三版進行翻譯，而原文已經出到了第四版。

關澤和泉，〈十二世紀文法（學）的普遍性：從法拉比到貢狄薩利奴斯〉（《中世紀哲學研究》二七，二〇〇八年，頁三九－六〇）——討論本章未曾提及、在十二世紀翻譯第一線中，文法（學）的普遍性問題（可以免費線上閱覽）。

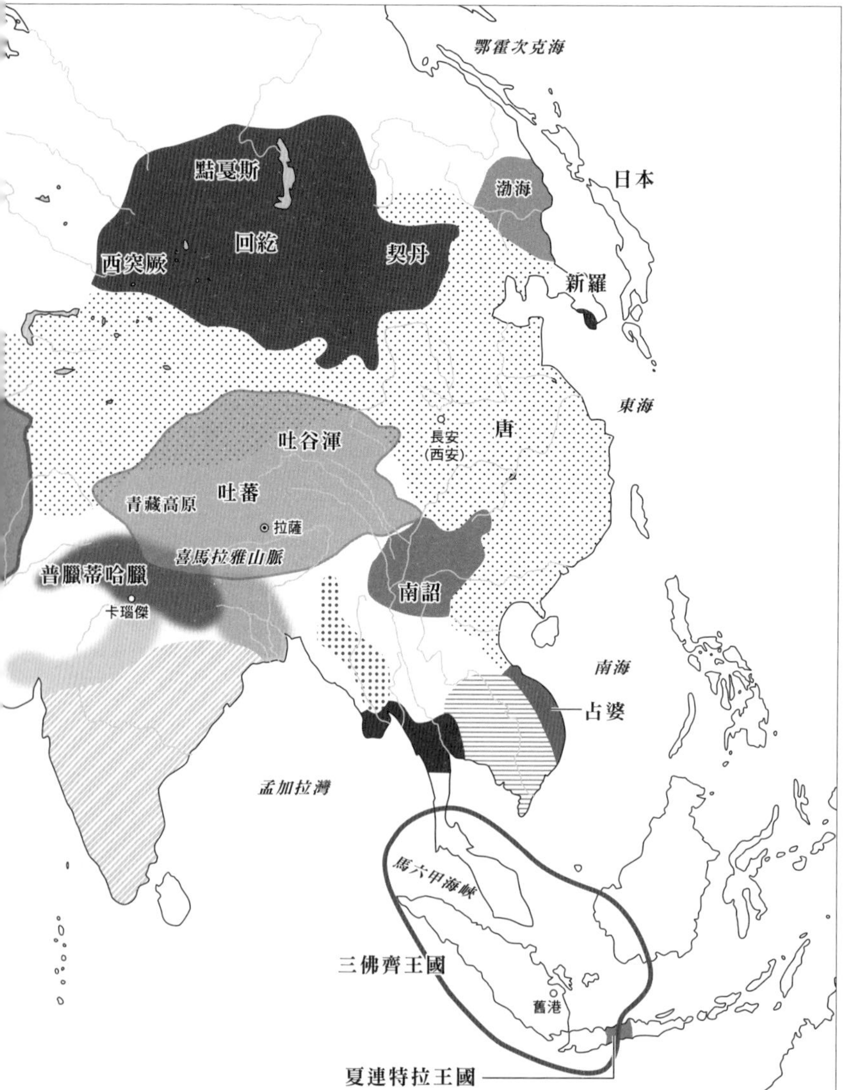

鄂霍次克海
黠戛斯
渤海
日本
回紇
契丹
西突厥
新羅
東海
長安
(西安)
唐
吐谷渾
吐蕃
青藏高原
拉薩
喜馬拉雅山脈
普臘蒂哈臘
卡瑙傑
南詔
南海
占婆
孟加拉灣
馬六甲海峽
三佛齊王國
舊港
夏連特拉王國

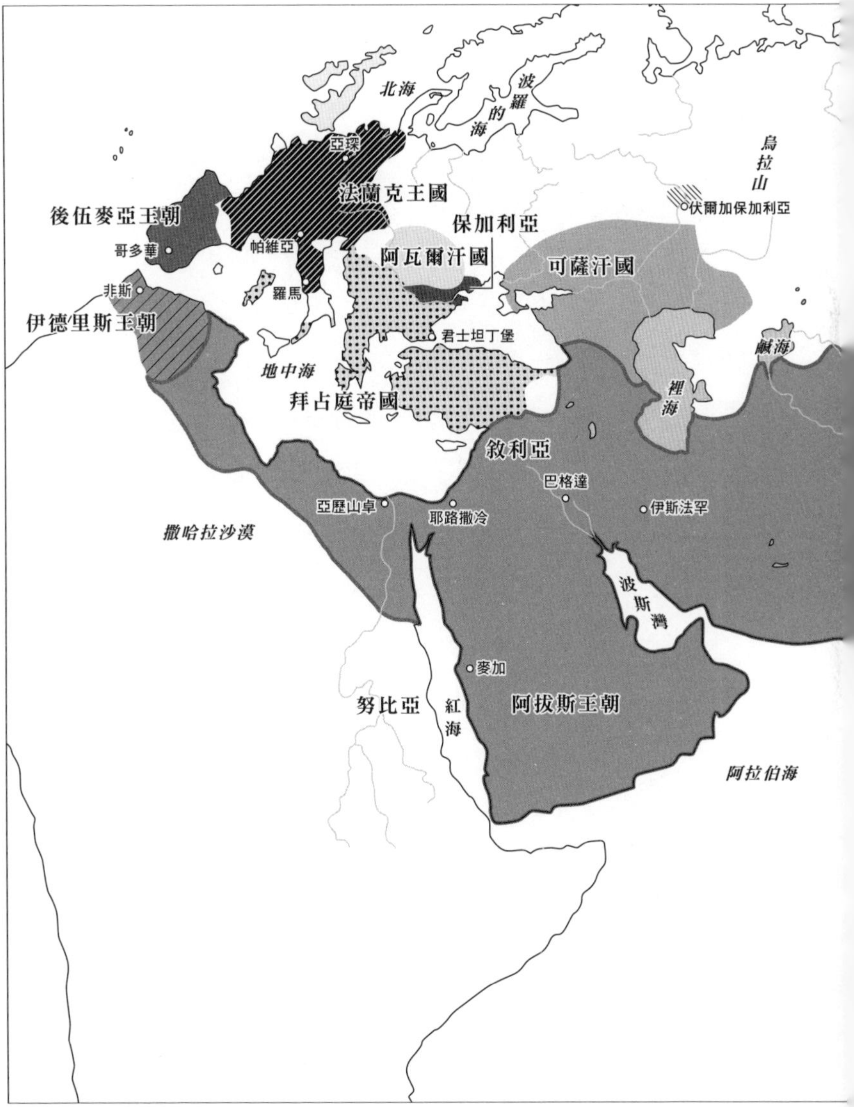

以伊斯蘭文化圈為中心的世界（約八世紀左右）

CHAPTER SIX

第六章
伊斯蘭的正統與異端

菊地達也

イスラームにおける正統と異端

一、緒論

「正統」與「異端」的界線

相較於在羅馬天主教會統領下，宗教權威與教義決定權被一元化的中世紀西歐社會，伊斯蘭世界在「正統／異端」間的界線相當模糊。造成這一現象的主因，可能在於缺乏像羅馬教皇那樣具備宗教權威的單一領導者，以及支持教皇的天主教會這種組織。確實，什葉派內的最大派別，即伊朗和伊拉克等地的十二伊瑪目派，在律法解釋上有「馬爾加・塔格里德」（marji' al-taqlid，意為「模仿的泉源」）這個最高權威的位階，但該制度的成立是在十九世紀，相對較新。此外，當時還存在著多個「馬爾加・塔格里德」並行的現象，這是常態。然而，即使是伊朗伊斯蘭共和國所建立的基礎——「法學家統治」理論，也並未獲得所有馬爾加・塔格里德的共識。

缺乏像什葉派／十二伊瑪目派那種法學家位階制度的遜尼派，在理念上並不存在法學家與神學家之間的明確序列。雖然有些法學家與國家結合，並行使強烈的影響力，但他們的權威是建立在國家權力的背景之上。而反體制派或與國家保持距離的學者，則未必受到他們的支配。現代國家與像「伊斯蘭國」（The Islamic State）這類伊斯蘭激進派之間互相指責對方為「不信者」、「背教者」的混亂局面，正是源於這樣的背景。由於缺乏可以調停兩者並給予最終判定的高階聖職者與組織，因此，誰是「不信者」、「背教者」的問題，根本無法得出明確的結論。

雖然沒有能夠一手掌握宗教權威的個人或組織是伊斯蘭的特徵之一，但這也是經過長期曲折發展的結果。在這個過程中，他們也曾嘗試將自己定位為「正統」，並將他人判罪為「異端」。即使在現在，伊斯蘭許多個人和組織之間仍在激烈地交鋒，但在伊斯蘭成立的最初幾百年間，這種爭鬥比現代更為激烈。在這個什葉派與遜尼派尚未確定基本教義的時代，「正統／異端」的界線並不是固定的，往往會隨著自身所處的情況以及誰被設定為敵人而變化。因此，這段歷史充滿了複雜的權力鬥爭和思想碰撞。

伊斯瑪儀派思想史與希臘哲學

在本章中，我將以僅次於十二伊瑪目派的什葉派分支——伊斯瑪儀派作為例子，探討伊斯蘭中「正統／異端」的動態，並概觀他們的思想史。儘管伊斯瑪儀派在什葉派內經常被批評為「不信者」或「背教者」，但他們曾經建立起以個人為頂點、掌握政治權力與宗教權威的中央集權組織，並將中東伊斯蘭世界的大部分置於自身的掌控之下。

另一方面，在追溯伊斯瑪儀派的思想史時，本章也特別關注希臘哲學所呈現的意義。之所以如此，是因為中東伊斯蘭世界與歐洲基督教世界一樣，都承繼了古希臘的遺產。雖然伊斯瑪儀派相較於以伊本・西那（ibn-Sina，又名「阿維森那」（Avicenna），一〇三七逝世）為代表的伊斯蘭哲學，屬於次要流派的繼承者，但他們對於伊斯蘭世界中希臘哲學的繼承與發展，仍然有其貢獻。本章將展示某一時期的伊斯瑪儀派思想，其實是古希臘哲學獨特的發展型態，並試圖探討古希臘哲學如何與「正統／異端」的動態產生關聯。

二、伊斯瑪儀派的起源

什葉派的成立與伊斯蘭中的「異端」與「正統」

包括十二伊瑪目派和伊斯瑪儀派在內的什葉派，其作為集團的起源，可追溯至導致正統哈里發時代終結的第一次內亂時期（六五六－六六一）。在這一時期，始終支持先知穆罕默德（六三二年逝世）之甥、第四代正統哈里發阿里（六五六－六六一年在位）的政治派別，便是後世什葉派的源流；他們認為，先知過世後伊斯蘭共同體的統治權應由阿里的子孫來繼承。在伍麥亞王朝時期（六六一－七五〇），經歷了阿里之子海珊在卡巴拉的殉教（六八〇）後，這一派別開始演變為宗教宗派。其倡導的教義特徵主要包括「伊瑪目」（指導者）論，認為阿里的子孫應該是伊斯蘭共同體在政治和宗教兩方面的絕對指導者；以及「馬赫迪」（救世主）論，意指特定的伊瑪目在信徒面前「幽隱」（在信徒面前隱遁其姿態）後，最終將以救世主的身分再次出現。

在伊斯蘭教中，首先整頓教義並形成共同體的是什葉派等少數宗派，而至少到八世紀為止，還未出現可稱為「遜尼派」的集團。在這種情況下，主流的多數派僅是對什葉派的主張保持一定距離，並在宗教與政治上容納多樣的觀點。隨著時間推移，我們可以說，隨著九世紀下半葉法學派的確立、十世紀與什葉派的對抗，以及十一世紀樹立學院、教授「正統」學說等重要時期，遜尼派在這三百年間逐步形成了自己的宗派意識和獨特的教義。在這一形成過程中，遜尼派將什葉派等外部宗派以及自身集團內的競爭勢力主張分化為「異端」，並透過這種對照形象，規範出自己的「正統」教義；而這一進程在什葉派中也同樣存在。

伊斯瑪儀派的成立

除了上述的十二伊瑪目派和伊斯瑪儀派外，什葉派中還存在各式各樣的集團。由於這些集團進一步在內部形成支派，因此被認定為什葉派的各派集團數量相當之多，而且比起教義，各集團在伊瑪目的繼承上也存在更多的分歧。綜觀這些眾多的什葉派支派，我們可以發現，十二伊瑪目派和伊斯瑪儀派無論在系統還是教義上，都有非常密切的關係。

兩派的起源均源自擁護阿里及其妻子、先知女兒法蒂瑪（六三三年逝世）的子孫穆罕默德・巴基爾（七三二－七四三年之間逝世）和賈法爾・薩迪克（七六五年逝世）所形成的伊瑪目派。他們並不像其他什葉派集團那樣積極對抗伍麥亞王朝和阿拔斯王朝，反而信奉彌賽亞論，認為當伊瑪目進入幽隱狀態後，將以馬赫迪（什葉派稱「卡伊姆」）的身分再度出現，從而拯救信徒。雖然其他什葉派集團也有救世主論，但支持巴基爾的什葉派集團的特徵，正體現在他們的伊瑪目論上。對他們而言，伊瑪目之位只能由具備阿里與其子海珊血脈的直系男性繼承，並透過父親指定兒子的方式來進行傳承。

不僅如此，伊瑪目還被視為「不會犯錯的無謬誤存在」。一般認為，穆罕默德在受到神示、成為先知的同時（至少在宗教事務上）也是無謬誤的。雖然伊瑪目並不像穆罕默德那樣獲得啟示，但在解釋啟示和作為宗教權威方面，他們與穆罕默德是平等的。伍麥亞王朝與阿拔斯王朝的哈里發，當然並未受到前任伊瑪目的指名，也沒有傳承阿里家族的血統；因此，在與先知同等的伊瑪目面前，他們的知識與判斷力就如同平信徒一樣。歷代哈里發被視為奪走本應屬於伊瑪目的共同體統治者地位的篡奪者，這個體制在未來救世主再臨時，將會被推翻。

在七六五年賈法爾．薩迪克逝世後，他的支持者集團產生了巨大的混亂。賈法爾有多個兒子，因此在繼承伊瑪目地位的問題上，各兒子之間的主張衍生出許多支派集團。此外，還出現了否定薩迪克已逝世的支派，這些支派認為他在幽隱後會以救世主的姿態再臨。在這個背景下，主張薩迪克生前將伊瑪目地位傳給伊斯瑪儀（七六二逝世），並由其子穆罕默德．伊本．伊斯瑪儀（卒年不詳）繼承的集團，成為伊斯瑪儀派的起源。另一方面，主張應由伊斯瑪儀的弟弟穆薩（七九九逝世）繼承的集團，則成為十二伊瑪目派的起源。

三、極端派與創世神話

伊斯瑪儀派與極端派

儘管伊斯瑪儀派和十二伊瑪目派的起源毫無疑問都始於八世紀下半葉，但在接下來的約一世紀內，這兩派的歷史發展卻不甚明朗。直到十世紀，兩派同時迎來了迅速的變化。伊斯瑪儀派在突尼西亞建立了法蒂瑪王朝（九〇九年），該王朝不久後便成為西方伊斯蘭世界的霸主；另一方面，信奉十二伊瑪目派的布維西王朝於九四六年壓制了阿拔斯王朝的首都巴格達，並將哈里發傀儡化，這使得十二伊瑪目派得以在巴格達為中心發展學問，並在此期間達到巔峰，其獨有的文化也大放異彩。在這個政治上飛躍成長的十世紀，兩派的信徒編纂了相當多的作品，並積極將這些作品抄寫流傳，為當時的思想文化留下了豐厚的文獻。然而，在九世紀期間，兩派在政治和社會上經常遭到排擠，因此他們的著作相對較少，流傳至今的更是寥寥無幾。特別是伊斯瑪儀派，自九世紀下半葉起便在各地展開了祕密地下活動，目標是打倒阿拔斯王朝，並以反抗既有教義的形式樹立法蒂瑪王朝，這使得他們在九世紀所寫的著作完全未能流傳至今。

由於資料上的問題，談論九世紀的伊斯瑪儀派和十二伊瑪目派時，通常會參考十世紀以後這兩派的文獻或是九世紀的外部資料。這意味著，十世紀的兩派價值觀和同時代其他派別的偏見與錯誤資訊很可能會反映在這些記錄中。近年來，關於布維西王朝之前十二伊瑪目派思想的定位已經出現了爭論，但同樣的修正工作也可能適用於伊斯瑪儀派的思想發展。

如上所述，雖然在資訊精確度上需要謹慎對待，但九世紀以前的伊斯瑪儀派經常被描述為接近於「極端派」（Ghulat）的團體。極端派指的是超越適當限度者，這是指在八世紀以後以伊拉克庫法為中心展開的激進什葉派的別稱。他們的代表性教義包括伊瑪目的神格化、先知和伊瑪目的神靈輪迴、伊瑪目的幽隱與再臨、伊瑪目的無謬誤性，以及伊斯蘭律法的廢棄等（參考菊池達也，《伊斯蘭教：「異端」與「正統」的思想史》，講談社，頁一一三－一二六）。需要特別注意的是，伊斯瑪儀派和十二伊瑪目派也將伊瑪目的幽隱／再臨以及無謬誤性視為中心教義。換句話說，極端派的宗教思想與九世紀以前的什葉派宗教文化之間，很有可能是緊密相連或根本就是其一部分。對於十世紀以後試圖否定他派及本派內極端派以達成自我正統化的伊斯瑪儀派和十二伊瑪目派而言，重新設定與極端派之間的界線，成為他們必須解決的首要課題。

伊斯瑪儀派的思想源流為何？

伊斯瑪儀派以其週期性的歷史觀而聞名，而這種歷史觀在九世紀階段就已經存在。根據這種觀點，人類歷史由七個週期組成，過去的週期由六位「告知者」（即大先知）所開啟，分別是亞當、諾亞、亞伯拉罕、摩西、耶穌和穆罕默德。在這些告知者之後，是被稱為「基礎者」（委託者）的角色，接著則是七位伊瑪目的時代。第七位伊瑪目被稱為「卡伊姆」，在末世論的脈絡中，這個詞意指救世主。他將廢棄現行的律法，成為新週期的「告知者」，下達新的啟示，並施行以此為基礎的律法。

以穆罕默德週期的情況來看，基礎者是阿里，而阿里的子孫則是歷代伊瑪目，其中第七代伊瑪目是賈法爾的孫子穆罕默德·伊本·伊斯瑪儀。這位穆罕默德·伊本·伊斯瑪儀在八世紀下半葉，最遲在九世紀上半葉便已逝世，但九世紀的伊斯瑪儀派主張，他只是為了逃避阿拔斯王朝的追查而隱遁，並且將會以卡伊姆的身分再臨，廢棄第六週期告知者穆罕默德所施行的伊斯蘭律法。雖然關於穆罕默德·伊本·伊斯瑪儀是否會帶來新律法的問題存在許多爭議，尚未確定，但很有可能他並不會帶來新的律法，而是顯現出不需要律法的真實狀態，換言之，即是實現了人類歷史的完成形貌。在「廢棄律法」這個要素下，九世紀的伊斯瑪儀派相比於十世紀的同派，更加偏向於極端派的特徵。

在九世紀下半葉，自稱穆罕默德·伊本·伊斯瑪儀代理人的伊斯瑪儀運動領導者，為了顛覆阿拔斯王朝的統治，展開了廣泛的傳教活動，從南亞一直到北非。這種主張卡伊姆再臨的運動，不僅僅是單純的政治反體制運動，同時也是基於彌賽亞主義的宗教運動，旨在實現他們理想中的國度。

伊斯瑪儀派與「神話」

關於十世紀大幅引進新柏拉圖主義哲學之前的伊斯瑪儀派宇宙論，仍存在許多不明之處。目前已無法詳細探討九世紀的宇宙論文獻，但根據十世紀下半葉所撰寫的書簡，原本的伊斯瑪儀派宇宙論經常被稱為「神話」。這種神話式的宇宙論究竟有多普遍，以及它可以追溯到多古老的時期，雖然無法確定，但我想在這裡簡單介紹一下相關內容（參考菊地達也，《伊斯瑪儀派的神話與哲學：伊斯蘭少數派的思想史研究》岩波書店，頁七八－八二）。

根據侍奉法蒂瑪王朝第四任哈里發穆伊茲（九五三－九七五年在位）的阿布．伊薩．穆爾西德（Abū 'Īsā al-Murshid，生卒年不詳）的書簡，原初的神（真主阿拉）在創造光之後，光在瞬間無法確定自己是創造者還是被造物，不由自主地停留在原地。接著，神將靈吹入光中，稱之為「有」（kun）。隨後，光把構成「kun」這個詞的阿拉伯文字母「卡夫（k）」和「奴恩（n）」，加上「瓦（w）」和「雅（y）」，從而生成了「庫尼」（kuni）。庫尼接受了神的命令，創造了自己的輔助者卡達爾（qadar）；庫尼和卡達爾便任意組合出七個子音（KWNYQDR），形成阿拉伯文字，從而創造出天上的存在者。

庫尼和卡達爾這兩個詞彙雖出自於《古蘭經》，但由一對代理創造者透過文字結合來創造出世界的故事，與《古蘭經》所主張的創造論完全不同；這種想像的起源無法準確追溯。如果要比較的話，這種由阿布．伊薩．穆爾西德所傳承下來的神話式宇宙論，很可能是伊拉克的庫法或泰西封等地的極端派之間流傳的創世神話殘跡。

中亞伊斯瑪儀派共同體流傳的文本《聖典之母》，雖然經歷了無數次的增補與修改，但其中最古老的部分被認為可以追溯到八世紀，這部分融合了從猶太教、基督教和祆教改信伊斯蘭的人的世界觀，以及庫法等地的什葉極端派思想。根據《聖典之母》，其名稱源自猶太教傳統中的天使阿薩歐爾（別名易卜列斯）。他因過度自信與傲慢而反叛神，這種反叛成為宇宙創造的契機。在創造的第一天，被遮蔽的被造物無法看見神，作為懲罰，原本以光的形態存在的天上存在者將墜落至物質世界，並被囚禁在肉體中，直到獲得赦免為止，必須忍受肉體不斷更替的輪迴。另一方面，次於阿薩歐爾被創造的沙爾曼對神則非常忠實。他對阿薩歐爾而言是懲罰者，對被囚禁在肉體中的靈魂而言，則是救濟者。這位沙爾曼被認為與穆罕默德的波斯人教友，也是泰西封的守護聖者沙爾曼（六五五／六逝世）是同一人。

與《聖典之母》中的創世神話類似的神話，也被雅桑主義（Yarsanism）、雅茲迪教（Yazidi）等中東地區的少數派宗教所採納。其中，阿拉維派（Alawite，又稱努賽爾派，現代敘利亞的統治勢力）對於這一神話的忠實繼承尤為明顯。然而，《聖典之母》的成立背景仍然存在許多不明之處，同時也缺乏足夠的證據來證明它對阿拉維派等各派的直接影響。與伊斯瑪儀派的關係也是如此；沙爾曼所扮演的主要角色以及作為懲罰的輪迴要素，基本上在該派的思想中也相當少見。

然而，在原初中出現第一存在者與第二存在者、以及第一存在者的情動成為宇宙創世的契機等方面，仍可見到相似之處。在《聖典之母》中，阿薩歇爾被稱為「易卜列斯」（源自希臘語的Diabolos），在《古蘭經》中他是拒絕向亞當跪拜的天上存在者。而在阿布・伊薩的書簡中，阿薩歇爾則被描繪為一位自我過於自信、從而否定卡達爾優越性的上位存在者，這一點與《聖典之母》的阿薩歇爾相通。然而，阿布・伊薩的書簡中有不少要素並未對應於《聖典之母》的創世神話；相反地，自從引入新柏拉圖主義哲學後，伊斯瑪儀派的思想中出現了更多對應的要素。

四、十至十一世紀的教義修正

波斯學派

在十世紀上半葉，伊朗東部的伊斯瑪儀派出現了一個被稱為「波斯學派」的集團，他們採納希臘哲學並結合自身的思想體系。這些成員很可能閱讀過新柏拉圖主義創始人普羅提諾（Plotinus，約二七〇年逝世）的《九章集》長篇譯本。該書中提到，普遍知性（universal intelligibles）並非源自神的流出，而是透過創造而誕生，這一創造可被視為「有」的命令。這些觀點最終成為波斯學派的核心教義。此外，這樣的內容也架起了普羅提諾的「流出論」與《古蘭經》中

「當我要創造一件事物時，只需對它說聲『有』，它就『有』了」（十六章四十節）的創造論之間的橋梁。

波斯學派的代表性思想家西吉斯塔尼（al-Sijistānī，九七一年後逝世）將透過「有」這個命令所創造的第一存在者稱為「普遍知性」。這次的創造是獨一無二的，隨後的所有存在都是從已有的流出式展開。從普遍知性流出的第二存在者是普遍靈魂。關於普遍靈魂，西吉斯塔尼這樣描述：「（普遍）靈魂因其不完全性，追求自然的慾望與喜悅，因而忘記了自己的世界、喜悅、美與光輝」。然而，普遍靈魂也會再次尋求與「這個世界（普遍知性所在的天上界）的結合」。作為第二存在者，普遍靈魂原本是天上光之世界的居民，但因受到黑暗與汙濁的自然界誘惑而墮落，忘卻了原初的光芒。當普遍靈魂開始渴望回歸原本的世界時，人的靈魂則扮演著重要角色。人的靈魂由來自天上光之世界的普遍靈魂的一部分構成，當人的靈魂從物質世界的枷鎖中解放並產生靈性昇華時，普遍靈魂也會隨之朝著原本的世界昇華。

在這裡，西吉斯塔尼將普遍靈魂墮落的故事直接與伊斯瑪儀派的傳教組織論相連結。該派的傳教組織論主張，在先知與伊瑪目（或其代理人）的領導下，進行本派的傳教與信徒教育的組織，在法蒂瑪王朝樹立之前也是一個以推翻體制為目標的政治組織。根據西吉斯塔尼的說法，能夠帶給人類靈魂靈性昇華的，只有唯一的組織——伊斯瑪儀派傳教組織，這個組織承襲並傳達無謬誤的伊瑪目教誨。在構成人類史的七個週期每結束一期時，普遍靈魂的位階會隨之上升；而當先知穆罕默德的週期結束、卡伊姆再臨之時，普遍靈魂則會回歸到原本的位階。西吉斯塔尼將普遍知性與庫尼、普遍靈魂與卡達爾視為同一事物，每當一個週期結束，形成庫尼和卡達爾的七個阿拉伯文字，便會有一個靈魂被帶到地上。卡伊姆的再臨不僅是人類歷史的完成，更意味著宇宙創世目的實現時刻（參考菊地達也，《伊斯瑪儀派的神話與哲學》，頁八三－九六）。

西吉斯塔尼在確定舊有神話教義中的「庫尼與卡達爾」等用語的同時，也將宇宙創世論中使用的術語，以新柏拉圖主義的形式予以置換。雖然在詞彙和描述風格上，這無疑是一次「希臘哲學化」，但透過對阿布・伊薩書簡中並不明確的人類靈魂起源、傳教組織的宇宙使命，以及宇宙的創世與完成意義的解釋，與《聖典之母》中所見的宇宙創世論的相似點反而有所增加。

法蒂瑪王朝下的教義修正

在穆伊茲（九五三－九七五年在位）統治下的法蒂瑪王朝於九六九年征服埃及，將從敘利亞到摩洛哥的廣大版圖納入麾下。然而，在現世成功的背後，該王朝的統治者伊瑪目／哈里發卻必須面對兩大挑戰：首先，臣民大多屬於遜尼派，這使得他們必須緩和教義的過激性；其次，他們需要解釋與舊有教義之間的矛盾。在這一時期，伊斯瑪儀派作為一個曾經以彌賽亞主義運動發展起來的派別，一方面強調救世主再臨所導致的伊斯蘭律法廢棄以及律法的祕教層面，另一方面也有不少人對照章執法表示輕視。因此，奉伊瑪目／哈里發之命的該派思想家，開始要求信徒戒除對祕教層面的偏重，同時遵循伊斯蘭律法。至於遜尼派的臣民，則不會被強加伊斯瑪儀派的信仰與律法。此外，在穆伊茲時代，雖然有些人不把他視為伊瑪目，反而視其為神明崇拜對象，但這些主張很快就遭到了明確的否定。主張廢棄律法並將伊瑪目神格化的人被貼上「極端派」的標籤，甚至被當成「異端」對待。

至於伊瑪目論與彌賽亞論，因為這些問題直接與法蒂瑪王朝的伊瑪目／哈里發的正統性相關，因此更難以應對。在彌賽亞主義運動的時代，穆罕默德．伊本．伊斯瑪儀本應被視為救世主，但由於他的子孫已經作為法蒂瑪王朝的伊瑪目，持續統治國家，因此無論經過多長時間，彌賽亞再臨的預期似乎都不會實現。為了解決這個問題，第六代伊瑪目／哈里發哈基姆（九九六－一〇二一年在位）統治時期活躍的基爾馬尼（al-Kirmani，一〇二〇年後逝世）採取了從哲學觀點來應對的方法。

雖然基爾馬尼與西吉斯塔尼同屬波斯學派，但他並未採用《九章集》的架構，而是吸收了第一位正式的伊斯蘭哲學家法拉比（Al-Farabi，九五〇年逝世）的宇宙論與知性論（Epistemology）。在創造行為被視為與「有」這個命令相等的背景下，基爾馬尼的宇宙論與西吉斯塔尼基本上並無差異；兩者皆認為第一知性（普遍知性）的流出是宇宙的開端。然而，在基爾馬尼的思想中，並未出現類似於普遍靈魂這樣受到誘惑墮落並感到後悔的擬人化存在。基爾馬尼的宇宙論仿效法拉比，將第一知性至第十知性（能動知性）劃分為十種非物質的知性，這與托勒密（一六八年逝世）以後的天文學所推定的十個星球，以及伊斯瑪儀派傳教組織以先知和伊瑪目為頂點的十個位階，呈現整齊的對應。在他的宇宙論中，並未表現出從墮落到回歸的動態與張力，而更像是一種意識形態，旨在保證法蒂瑪王朝伊瑪目／哈里發的統治體制的正統性及其靜態秩序的功能（參考菊地達也，《伊斯瑪儀派的神話與哲學》，頁一五五－一九七）。

在基爾馬尼之前的法蒂瑪王朝中，人們認為穆罕默德．伊本．伊斯瑪儀是末世的先驅，而他子孫所統治的法蒂瑪王朝伊瑪目則被視為實現末世的關鍵。穆罕默德．伊本．伊斯瑪儀所承擔的彌賽亞角色，亦由後世的歷代伊瑪目共同分享。然而，傳統教義中所述的第七位伊瑪目將成為卡伊姆並結束週期的觀點，卻出現了漏洞與危機。針對這一問題，基爾馬尼解釋道，在穆罕默德的第六週期中，第七代伊瑪目仍將持續繼任，直到七乘以N代的伊瑪目出現時，才會使第六週期結束。基爾馬尼一方面努力保持與既有教義的連續性，另一方面也將末世的降臨推遲至遙遠的未來（當時的伊瑪目哈基姆是第十六任，因此最短也需五代以後）。

如前所述，十世紀以後的法蒂瑪王朝，在掌握無謬誤存在的伊瑪目名下，對伊斯瑪儀派教義內的「正統／異端」界線予以變更。儘管他們吸納了王朝樹立之前、彌賽亞主義運動時期的極端派教義，但對於廢棄伊斯蘭律法、輕視其履行或將伊瑪目神格化的行為，則被明確地定義為「異端」。在宇宙論方面，像阿布・伊薩書簡這種帶有神話色彩的宇宙論雖沒有被完全否定，但卻被迫退居幕後，取而代之的是教義的哲學化。他們企圖在保留哲學的同時，將神話式的彌賽亞主義予以正統化，並抹去其中的神話與戲劇性元素，最終修正為強調靜態秩序的宇宙論。

五、小結

伊斯瑪儀派的「哲學」與「神話」

在十世紀之前的伊斯蘭思想中，隨著狀況和論敵的不同，「正統／異端」的界線經常會變化。在伊斯瑪儀派方面，與九世紀之前與極端派的界線模糊不同，雖然一些教義在十世紀被標籤為極端派並遭到否定，但也有像幽隱與再臨這樣與極端派共通的教義被納入「正統」，此外，還有西吉斯塔尼的哲學宇宙論未被視為極端派排除，而是僅僅加以修正。與伊斯蘭世界其他集團相比，這一時期的伊斯瑪儀派特異之處在於，「正統／異端」的定義由身為個人的伊瑪目所決定。儘管詳細的分析和著作是由思想家個人完成，但「正統／異端」的最終裁決仍然以伊瑪目名義進行。然而，隨著一一七一年法蒂瑪王朝被薩拉丁（Saladin，1169－1193年在位）滅亡，以及一二五六年伊朗的伊斯瑪儀派據點被蒙古軍攻陷，這個體系最終崩潰了，至今未再復活。

最後，我想試著稍微探討十世紀以後伊斯瑪儀派思想中的哲學意義。長期以來，研究者普遍認為，該派過去存在的「神話」式教義被「哲學」式教義所取代，並在法蒂瑪王朝之後於葉門再度「神話化」。這種觀點的前提是，對於伊斯瑪儀派而言，核心教義完全是伊瑪目論，但為了因應各種情況，這一論述會予以調整，以作為鞏固其正統性的工具。實際上，於一二五六年後的伊斯瑪儀派，隨著時代的變遷和社會情況的不同，逐漸引入了蘇菲主義和印度教的思想，並且在現代仍然會採用所謂的「開發性論述」。（參考子島進，《伊斯蘭與開發：伊斯瑪儀派在喀喇崑崙山脈的變貌》，nakanishiya書店）

既然如此，希臘哲學是否就可以隨意拋棄呢？其實答案並不那麼簡單。確實，自基爾馬尼以後，對於哲學的記述有所減少，但西吉斯塔尼與基爾馬尼所引入的哲學用語在此後仍然持續被使用。例如，在十二世紀葉門有關復活的神話教義中，我們可以看到普遍靈魂和能動知性的擬人化做法；儘管如此，哲學式的分析和討論卻不多。如果以古代希臘哲學或伊斯蘭哲學作為基準，稱這種思想為「哲學」似乎並不恰當。然而，當時的伊斯瑪儀派使用的「神話」或「哲學」這類術語，與今天的意義有著顯著的不同。換個角度來看，即使是重新神話化，他們依然持續使用哲學的語彙和表達方式。這是否意味著他們已經將源自希臘的哲學融入自己的思想體系呢？在伊斯蘭世界中，一方面有繼承伊本·西那的哲學家堅守希臘哲學的主流，另一方面，雖然樣貌有所改變，但在神祕哲學、神學以及伊斯瑪儀派思想中，哲學也依然繼續存活著。

延伸閱讀

菊地達也，《伊斯瑪儀派的神話與哲學：伊斯蘭少數派思想史之研究》（岩波書店，二〇〇五年）——從神話與哲學觀點出發，對法蒂瑪王朝時期伊斯瑪儀派思想加以分析的研究作品。

菊地達也，《伊斯蘭教：「異端」與「正統」的思想史》（講談社選書metier，二〇〇九年）——從什葉派視角出發，敘述初期伊斯蘭思想史的普遍讀物。

平野貴大，〈小幽隱期伊瑪目派中的「極端派」認識：以沙法爾・昆米對極端派的分析為例〉（《伊斯蘭世界》九〇號，二〇一八年），一—二七頁——針對初期十二伊瑪目派與極端派關係加以考察的研究論文。

松山洋平，《伊斯蘭神學》（作品社，二〇一六年）——主要是針對遜尼派內的伊斯蘭神學整體樣貌，從多樣性視角加以介紹的入門書。

CHAPTER

seven

第七章 希臘哲學的傳統與繼承

周藤多紀

ギリシア哲学の伝統と継承

一、註解書的形式

前言——西方中世紀哲學與「註解」

西方中世紀的思想家對各式各樣書籍的註解投入了極大的心力；而這些書籍中最重要的便是聖經。據中世紀哲學研究的泰斗艾蒂安・吉爾森（Étienne Gilson, 1884-1978）所言，西方中世紀的主要思想家透過對舊約聖經《出埃及記》中神的話語「我是自有永有的」（三：十四）來加以解釋，建構一套以「存在」為核心、與希臘哲學有決定性差異的形上學體系。他們對聖經的解釋，不只是對聖經加以註釋、或是基於聖經的某一節展開說教，還包括了許多關於哲學、神學問題的論考與書簡。我們甚至可以說，西方中世紀哲學的主要作品，幾乎都包含了某種形式的註解在內。不過，本章將僅聚焦於那些專門為特定書籍所寫的作品，換言之，即「針對書籍的書籍」，即「註解書」。透過概觀這些註解書的形式，我們將探討其中希臘哲學的傳統與繼承。

成為註解書對象的書籍

在西方中世紀，作為基督教信仰核心的聖經自然是註解的重點，但其他各類書籍也同樣成為註解的對象。在這裡，我們僅提及其中的一部分。

眾多註解書主要針對各領域的權威性作品展開深入探討。文學方面的權威是維吉爾，文法學則是多納圖斯和普里西安，修辭學以西塞羅為代表，教會法由格拉提安（Gratiani）主導，而羅馬法則以查士丁尼的著作為依據，對這些人的作品加以註解。此外，不僅僅是古典書籍，同時代的作品，例如但丁的《神曲》，也成為註解的對象。

在哲學領域中，希臘哲學的兩位巨人——柏拉圖與亞里斯多德，都是權威人物。然而，註解書的主要對象卻是亞里斯多德的著作，這主要是由於翻譯狀況的差異。相比之下，柏拉圖的拉丁語譯本相對有限；換言之，即使有心註解，卻也難以獲得相關書籍。柏拉圖著作中影響最大的，無疑是古代末期由卡利迪烏斯（Calcidius，四世紀左右）將其開頭（主要為一七A－五三C節）翻譯成拉丁語的《蒂邁歐篇》。卡利迪烏斯還撰寫了該作品的註解書，並在其中將柏拉圖的神——宇宙的造物者（Demiurge）與基督教的創造主相結合，對十二世紀的自然哲學產生了深遠的影響。

至於亞里斯多德，他的邏輯學著作在六世紀由波愛修斯翻譯，其他著作則大多在十二世紀到十三世紀下半葉被翻譯成拉丁語。進入十三世紀後，隨著亞里斯多德著作的引入，以希臘語和阿拉伯語寫成的註解書也開始被翻譯並加以參考。在這些著作中，《尼各馬科倫理學》的註解者艾斯特拉迪烏斯（Eustratius of Nicaea, ca. 1050-1120）被阿威羅伊（Averroes）稱為「註解的註解者」（commentator），並作為參考來源。被尊稱為「哲學家」（Philosophus）的亞里斯多德，對西方思想界的發展產生了深遠的影響。

在十三世紀的西方大學裡，學習哲學的課程主要集中於亞里斯多德的著作。儘管在一二一五年發布了禁止購買和閱讀亞里斯多德的自然學和形上學的命令，但到了一二五五年，幾乎所有亞里斯多德的著作仍然被納入巴黎大學人文學院的課綱中。在一二七〇年和一二七七年，巴黎主教埃蒂安・坦皮埃爾（Étienne Tempier）對以人文學院為中心、活躍且激進的亞里斯多德主義者（即「拉丁—阿威羅伊主義者」）加以定罪。其中一項主要的定罪對象的主張是「知性單一說」——即在所有人類的知性認知過程中，知性（可能知性）的數量只有一個；這一主張是由巴黎大學人文學院的教師布拉班特的西格爾（Siger of Brabant）透過對亞里斯多德《靈魂論》的註解所發展而來。十三世紀到十四世紀期間撰寫的亞里斯多德註解書，大多是人文學院授課的產物。不過，神學家大阿爾伯特（Albertus Magnus, ca. 1200-1280）、多瑪斯・阿奎那、鄧斯・司各脫和奧坎的威廉等人也都撰寫了亞里斯多德的註解書。

雖然《導論》並非亞里斯多德的著作，但它被定位為亞里斯多德範疇論的入門書，並因此成為註解的對象。該書的註解在十二世紀時成為了普遍論爭的舞台。亞貝拉曾多次撰寫《導論》的註解，並在其中使自己的唯名論見解更加成熟。

在神學領域，自然以聖經為權威，但自十三世紀以來，彼得・隆巴的《四部語錄》也被廣泛用作教科書並受到註解。《四部語錄》以聖經和奧斯定等教父的著作為依據，對神學問題進行了全面且有系統的論述。隨後，許多著名思想家在十三世紀到十四世紀期間撰寫了《四部語錄》的註解書，使其成為重要的著作之一。舉例來說，要理解司各脫的思想，就必須從他在不同時期所撰寫的各種版本《四部語錄》註解書中加以解析。

需要注意的是，雖然稱之為「撰寫註解書」，但許多註解書實際上是與口頭教育結合的產物。在大多數情況下，這些註解書是教師在教授該領域的古典書籍和教科書內容時所產生的。以司各脫的《四部語錄》註解書為例，我們手中的中世紀「註解書」往往不是作者親自撰寫的作品，而是基於學生上課時的聽講記錄所整理而成的「授課筆記」。

註解書的構成與序文

一般而言，中世紀寫下的「註解書」，主要是由以下的要素所構成：

（a）序文
（b）對文本結構（區分）的解說
（c）對註解處的明示（從文本中加以引用）
（d）對文本內容的解說
（e）對文本相關問題的議論

當然，不是所有的註解書都包含以上提到的全部要素；相反地，大部分註解書實際上僅包含其中的幾項要素。更概括地說，註解書主要分為以（d）解說要素為中心的類型，以及以（e）問題為中心的類型。自十三世紀下半葉以來，隨著大學授課的推廣，產生了許多以（e）為主的註解書。

（a）序文主要討論註解對象書籍的作者、標題、主要內容、論述形式、意圖及其用途。在提及作者時，這並不一定符合我們一般的常識，即「作者是構思並撰寫這本書的人」。例如，以聖經為例，書籍的撰寫者是馬太，但其根源的真正作者是賦予馬太啟示的神。因此，對於《馬太福音》的解釋可以理解為「神也是作者」。這種解釋同樣適用於彼得・隆巴的《四部語錄》等作品。

文本的構造分析

（b）文本，則是被分割成許多細部，再加以註解。多瑪斯・阿奎那對亞里斯多德的註解書，在這方面的要素就相當發達。比方說，阿奎那就把《尼各馬科倫理學》第一卷的序論部分（現在的區分是一到三章），作了以下的區分：

I. 呈現考察的意圖（相當於一、二章）
II. 呈現論述的方法（至三章中間的一〇九四b二七）
III. 呈現倫理學聽講者的條件（至三章末尾）

第I點又可以區分為以下兩個部分：

1. 提示呈現課題必要的事項（相當於一章）

2. 明示課題（相當於二章）

第1點又可以繼續區分為二：

（1）展現目的必然性（一〇九四a一－六）

（2）提示人的行為與目的之間的關係（一〇九四a六－一八）

第（1）點還可以更區分為三：

①表現「所有人性相關的事物，都是為了對目的賦予秩序」（一〇九四a一－三）

②表現目的多樣性（一〇九四a三－五）

③表現目的與目的間的關係（一〇九四a五－六）

最後，第①點可以再區分為二：

（i）表現自己的意圖（一〇九四a一－二）

（ii）解釋自己的意圖（一〇九四a二－三）

在（c）對文本特定處加以註解之前，會先表示「是要對哪個出處加以註解」。比起全文引用，更多時候是只引用最初的幾句話，以下則是省略。

逐句註解——以柏拉圖《蒂邁歐篇》的註解書為例

（d）文本的內容主要透過註解者自己的重述（paraphrase），以逐句註解的形式加以解說。他們利用逐句註解的方式，詳細解釋文本中包含的指示代名詞所指的內容、以及語彙的語義和語源。在語義的解釋中，通常會伴隨著對一個語彙所含有的多重意義之分析，並探討看似相近的語彙A和B之間在意義上的不同之處。

為了讓大家理解逐句註解的具體操作，我在此引用孔什的威廉所撰寫的《蒂邁歐篇》註解書（即《蒂邁歐篇逐句註釋》）中的幾個片段。以下用中括號括起來的部分是拉丁語翻譯的柏拉圖文本內容：

> 因為要證明世界是可感知的，因此所有可感知的事物才被創造出來；由此也可以證明世界是被創造的。這一點可以在以下這句話中找到依據：〔於是這些事物〕，也就是可感知的事物，〔全部被創造出來〕。再者，因為被創造的緣故，所以它們也會被誕生出來。這一點在以下這句話中表達得很清楚：〔因此，不管來自怎樣的生成〕，即便是來自任何始源，〔實體〕也就是自存的事物，〔都會具備其形〕。值得注意的是，在被造之物與被誕生之物之間，存在著種與類之間的差異。所有被創造的事物都會被誕生出來，但反過來則不一定成立。原本被創造的事物是透過某種方式，將預先存在的素材產生出來；而被誕生的事物，則可能存在於預先素材的情況

下，也可能像天使這樣，並不存在預先素材的狀況。（四一節，二一－三〇行）

威廉提到柏拉圖概念中並不存在的「天使」，以此來解釋「創造」與「誕生」之間的差別。他指出，相較於「創造」僅限於素材已經存在的情況，「誕生」則無論素材是否存在都可以成立。這兩者的意義顯然不同，因此威廉將「世界是被創造出來」的說法修正為「世界是被誕生出來」，使得柏拉圖的言論能夠支持基督教所主張的「從無到有的創造」觀點：

神的本質確實是世界的創造要因；由於這一點是無可置疑的，因此〔世界這項作品〕也就是作為其自身作品的世界〔之基礎〕。就像建築物依賴基礎一樣，所有物體的被造物在四元素的依存下被〔建構起來，同時〕〔朝向這種範式〕，也就是依循智慧（即範式）來創造世界，這一點〔確實毫無疑問〕，也就是千真萬確。（四三節，五－一一行）

將事物的原因分為創作（運動）、形相、材質（素材）和目的四個要項，亞里斯多德的這種四原因說是中世紀註解書中常用的論點。威廉在解說神製作世界的故事時，也引入了這種論述（三二節）。世界的創作因，也就是宇宙的創制，源於神的本質；世界的形相因，即賦予世界形貌者，是神的智慧；世界的材質因，則是成為世界材料的四元素；至於世界的目的因，則是神的善性——神之所以創造世界，是因為神是善的。儘管柏拉圖的作品中有與四元素相對應的「火、水、空氣和土」，但並未直接使用「四元素」這個術語。就像這樣，中世紀的註解者對於書籍中不存在的言語和概念展開解釋時，毫不猶豫。

重述——以〈創世紀〉的註解書為例

接下來，讓我們試著閱覽一部重述色彩更為明顯的作品——由夏特爾的蒂埃里（Thierry de Chartres，一一五六年後逝世）所著的《有關六日間偉業的論考》，這是一部關於《創世紀》的註解書。

在引用了「起初，神創造天地」（《創世紀》一：一）這句話後，蒂埃里隨即作了以下的說明：

> 作者以理性的方式呈現了世界之所以能保持存在的各種原因，以及世界被創建和裝飾的時間順序。因此，作者首先闡釋了原因，然後按時間順序逐一討論。簡言之，這世界上實體的原因可分為四個：創作因是神，形相因是神的智慧，目的因是神的慈愛，而材質因是四元素。
>
> （二節，頁五五五，十五—十九行）

就像這樣，「四原因說」和「四元素」也被引入到聖經的註解書中。《創世紀》一章一節的話語，被解讀為「透過作為世界創作因的神之手，作為世界材質因的四元素（火、水、空氣、土）被創造出來」（三節）。我們可以發現，這與上面介紹的《蒂邁歐篇逐句註釋》中對世界創造的解釋相當類似。

對接下去一節「神的靈運行在水面上」（一：二），蒂埃里則是作了以下的解說：

話說，柏拉圖在《蒂邁歐篇》中，將同樣的「靈」稱之為「世界靈魂」。另一方面，維吉爾在討論靈的時候，則是這樣說的：「起初有海、大地與蒼穹，閃耀光輝的月球與泰坦群星，靈就在那內部培育出來了。」（中略）相對於此，基督教徒則把這同樣的靈，稱之為「聖靈」。（二七節，頁五六六，四四行—頁五六七，五二行）

在這裡，蒂埃里將基督教神所具備的位格之一「聖靈」，解釋為等同於「世界靈魂」（anima mundi）的事物。「世界靈魂」在《蒂邁歐篇》中被描述為神用來「裝配宇宙」（Set the universe）的靈魂。值得注意的是，他在解釋聖經時，表現出與異教徒柏拉圖和維吉爾的論點相吻合的傾向。然而，這種觀點獲得了亞貝拉的支持，將聖靈與世界靈魂視為同一事物，但在桑斯教會會議（一一四〇年）中，這一觀點被宣告為異端。

不僅是源於希臘哲學的抽象概念，建立在觀察事實上的內容也被運用在這樣的註解中。針對陸地誕生的段落（一：九－十），蒂埃里作了以下的說明：

然而，確實，水會在空氣的上方形成蒸氣，並停留在空中。因此，對自然秩序的追求，就是隨著流動的水減少，土壤開始以不連續、類似島嶼的樣貌呈現出來。這一點可以用許多方法來證明。例如，當浴槽裡升起的蒸氣越多時，浴槽內所剩的水就會越少。同樣地，若將水倒在餐桌上，水會形成一個連續的水面；接著，如果在這個連續水面上方放置火源，隨著上方傳來的熱力，水面會逐漸變薄，出現乾涸的地方，最終水會收縮到僅剩幾處。（九節，頁五五九，一六－二四行）

註解書中論及的問題——以亞里斯多德《尼各馬科倫理學》註解書為例

在（e）中討論到的有關文本的問題，其範圍相當廣泛，而且有些內容與文本內容並無直接明確的關聯。一般而言，自十三世紀下半葉以來撰寫的以問題為中心的註解書，在與文本內容的連結上較為寬鬆，並且更能容許自由的問題設定。在這些註解書中，關於問題的議論主要以「討論形式」書寫，這種「討論形式」也被阿奎那的《神學大全》等作品所採用，是中世紀盛期與後期經院哲學著作中常見的論述方式。

為了介紹「討論形式」的註解是怎樣一回事，我想舉十三世紀下半葉至十四世紀間，活躍於巴黎的拉杜爾菲斯・布里托（Raduphus Brito）為《尼各馬科倫理學》（第一版）撰寫的註解書為例。在這部註解書中，布里托探討了《尼各馬科倫理學》第五卷中亞里斯多德所提到的「分配正義」與「交換正義」是否屬於不同種類的正義，並進一步討論了「持有貨幣是否必要」的問題。在問題被提出後，布里托接著提供了支持「貨幣並非必要」的觀點。其中一段論述指出：「所謂必要的東西，就是沒有這東西，事物便無法存在。然而，物品是可以相互交換的。例如，定量的穀物可以用來換取定量的油或紅酒等物品。」（六－八行）

相對於此，布里托在簡短敘述「亞里斯多德認為，為了交換，貨幣是必要的」之後，便開始針對這個問題提出解答。他認為，「必要」可以從兩個不同的意義來理解：一種是「沒有這東西，事物就無法存在」，而另一種則是「沒有這東西，事物無法達到最佳狀態」。例如，「對於動物而言，營養是必要的」，這屬於前者的範疇；而「對於人類而言，衣服是必要的」，則屬於後者的範疇。從前者的意義來看，貨幣在交換中確實不是必需的，但從後者的角度來看，它則是必要的。

接下來，他提出三個理由來說明「為了讓交換順利進行，貨幣是必要的」：第一，交換即使在當下不必要，將來仍然是必需的。紅酒和穀物並不像貨幣那樣能長期儲存，因此在必須進行以物易物的情況下，能獲得的必要物品是有限的。第二，物物交換無法確保交易雙方的平等性。如果一雙拖鞋的價值低於一隻鞋子，那麼用一雙拖鞋去交換一隻鞋子就會產生不平等的情況。物品A與物品B完全相等的價值情況非常罕見，因此貨幣成為平等交換的保證。第三，某種物品（如紅酒）在某個地區的產量豐富，而在另一個地區則相對匱乏。相比於為了獲得想要的物品（紅酒）而運送其他物品（穀物），運送貨幣顯然更為方便。

接下來，他論述了「良好貨幣的五種條件」：第一，良好的貨幣應盡量小巧。如果貨幣過大，即使稍微減少重量或欺瞞，也不容易被識破；換言之，偽造貨幣的風險會增大。第二，為了防止任何人隨意鑄造貨幣，必須在貨幣上刻有君主的印記。第三，為了在交換過程中保有一定的價值，貨幣必須保持一定的重量。第四，貨幣應該不易損壞，而且能長時間使用。如果不能耐用，那麼不使用貨幣，直接以物易物也無妨。第五，貨幣應該由金、銀等有價值的材料鑄造，因為價值較低的材料無法有效地擔任交換標準的角色。

如此一來，布里托不僅論述了亞里斯多德未明言的貨幣必要性，還探討了作為貨幣相關問題的「良好貨幣之條件」。自十二世紀以來，工商業的發展推動了貨幣經濟在西方社會的興起，布里托的註解書正是這一社會風貌的反映。對於註解者而言，註解書不僅是討論書中所記載的過往問題的場所，更是探討現代問題的重要平台。

二、希臘哲學的傳統與繼承

從荷馬到維吉爾

中世紀的註解書，不僅以柏拉圖和亞里斯多德的著作為註解題材，或是在「四原因」與「四元素」等概念上繼承希臘哲學；即使在上述註解書的形式中，也有許多是源自希臘語的註解書。在拉丁語註解傳統的起源期，羅馬知識分子通常精通希臘語，他們認為可以從希臘語的註解中學習註解的方法。另一方面，以拉丁語書寫的最古老亞里斯多德註解書，其作者波愛修斯在中世紀的註解書傳統中也扮演了重要角色，他同時也是一位翻譯者。精通希臘語的波愛修斯以希臘語的亞里斯多德註解書為範本，撰寫了自己的註解書。因此，對權威書籍加以註解的行為，是希臘思想文化的延續，類似於過去註解荷馬的傳統。

柏拉圖與亞里斯多德的共通點

即使在「柏拉圖與亞里斯多德的著作應如何閱讀」這一解釋的主要方針上，中世紀的註解書也繼承了希臘哲學的傳統。波愛修斯在亞里斯多德的《解釋論》註解書中，就做了這樣的描述：

我打算將入手的所有亞里斯多德作品翻譯成羅馬語（拉丁語），再為它們一一加上拉丁語的註解——如果說亞里斯多德是基於邏輯學的洗鍊、對道德知識的深切洞察，以及對自然學真理的銳利洞察而寫下他的作品，那將之按照順序翻譯並加以註解，就是要讓註解的光亮普照四方。緊接著，我也打算翻譯柏拉圖的所有對話篇，並以拉丁語的形式加以註解。在這些工作完成之後，我也不打算忽視將亞里斯多德與柏拉圖的見解以某種方式加以調和。他們在許多方面與他人有所不同，並非在所有事情上都截然對立；相反，在許多重要的哲學議題上，他們其實是達成共識的，這正是我想要展現的內容。（《解釋論第二註解》，頁七九，一六行—頁八〇，六行）

然而，事實上波愛修斯並未為柏拉圖的作品撰寫註解書，因此也有人認為這段發言並非他的真意。至少，波愛修斯確實注意到了兩者思考方式的對立情況：

不過，柏拉圖不僅將屬、種與其他事物理解為普遍事物，同時也認為這些普遍事物的存在仍會同時存在於某種「無物體」之中。相對而言，雖然亞里斯多德也將屬與種視為非物體的普遍事物，但認為它們存在於某種「可感的事物」之中。至於他們兩者的見解究竟哪一種更為適切，我並不輕易下結論；這是因為這屬於高度哲學的課題。我對於追尋亞里斯多德的見解更感

> 興趣，並不是因為我完全贊同他的論述，而是因為這本書（《導論》）是為《範疇論》而寫，而《範疇論》的作者正好是亞里斯多德。（《導論第二註解》頁一六七，一二—二〇行）

儘管如此，他認為「柏拉圖哲學與亞里斯多德哲學，在本質上並非對立」的見解，作為中世紀亞里斯多德註解傳統的出發點，是相當重要的。而波愛修斯這樣的見解，應該也是繼承於他視為典範的波菲利註解書吧！

普遍（理型／idea）的問題

波愛修斯認為柏拉圖與亞里斯多德之間的見解對立，主要圍繞著普遍（理型）問題。柏拉圖主張，存在獨立於白馬和棕馬之外的「馬之理型」，以及獨立於蘇格拉底和柏拉圖等個人之外的「人之理型」，這些都是實在的。然而，亞里斯多德則否定這種獨立存在於個別物體之外的普遍（理型）。這樣的解釋即使在現代也相當普遍，而波愛修斯也採納了這種觀點。然而，中世紀的註解書未必都持有如此的看法。

大阿爾伯特則在《導論》的註解書中，將普遍區分為三個原則：

> 我們可以從三個方面來考察普遍。一是普遍本身，這僅限於單純不可變的本性。二是在知

性認識作用上賦予的關係層面。三是透過A物或B物所擁有的存在，存在於A物或B物之中。第一種層次的普遍是單純的本性，也可以稱為存在或本質規範（ratio）。這是所有存在中意義最真實的存在，與其他本性不會混淆，也不會因其他本性而產生變化。（頁二四，二一—二九行）

第一種普遍是「事物之前的普遍」，第二種是「事物之後的普遍」，而第三種則可稱為「事物之中的普遍」。這種對普遍的三重區分，在艾斯特拉迪烏斯或更早的阿摩尼奧斯（Ammonius Hermiae, ca. 440-517）的註解書中均已有所記載。在神的精神內，存在著創造事物本性的原始形相（即「事物之前的普遍」）；而存在於世界中的事物（個別物體），則各自擁有這種形相而存在（即「事物之中的普遍」）；我們透過知性的抽象作用，將這種形相與個別物體切離來理解（即「事物之後的普遍」）。在這裡，大阿爾伯特所稱的「事物之前的普遍」，與柏拉圖所謂的「理型」是相近的。（參考本叢書第一冊第八章）

如果將柏拉圖的「理型」（普遍）視為神的思考內容（理型），即「事物之前的普遍」，而將亞里斯多德的「普遍」定位為「事物之中或之後的普遍」，那麼柏拉圖與亞里斯多德的見解對立就能迎刃而解。這種對立的化解藍圖可以透過對《創世紀》或《蒂邁歐篇》的註解來確立。在神的知性之內，存在著被造物的典範（model），而世界則是基於這種典範而創造的，這與基督教的自然觀也能夠相契合。

三、小結——從事註解的意義

作為探求、創造行為的註解

誠如上述所言，展開註解工作並不意味著對權威書籍及其教誨的盲從。註解是照亮真理的「光」，有時也會以不遵從作者見解的方式來書寫。中世紀的註解書，不僅是將作為對象的書籍與同一作者的其他著作進行對照，以呈現文本的意義及作者的意圖；所謂「註解」，更是基於自身的觀察經驗和對各種概念架構的理解來分析文本，並從中引出各種可能性的創造性行為。另一方面，註解書不僅適用於既有概念的場域，還是產生嶄新概念的場所。在西方近世哲學中扮演重要角色的「抽象」（abstract）這個術語，最早出現在波愛修斯對波菲利《導論》的註解書中，而「外部命名規範」這一術語則是在普瓦捷的吉爾伯特（Gilbertus Porretanus, ca. 1080-1154）對波愛修斯《論假言三段論》的註解書中出現。

然而，西方中世紀的思想家為何不嘗試不依賴文本，憑藉自己的能力建構出屬於自己的思想，而是積極投入於註解書籍的工作呢？索爾茲伯里的約翰的名言或許能為我們提供一些解答：

夏特爾的伯爾納鐸曾說，我們不過是坐在巨人肩膀上的矮人罷了。換言之，我們能看得比他們更多、更遠，並不是因為自己的視覺敏銳或是身體卓越，而是因為巨人的龐大把我們抬到高處，高高捧起的緣故。（《形上邏輯》三卷四章，頁一一六，四六－五〇行）

中世紀的思想家，正是期望透過對知識「巨人」著作的註解，獲得比「巨人」更廣泛的視野和更深刻的洞察。

本章所引用的文本基本上都是由筆者自己所翻譯，不過如果判斷既存譯本（收錄於《中世思想原典集成》）比較優秀，則會適度加以引用。

延伸閱讀

上智大學中世思想研究所監修，《中世思想原典集成》全二十一卷（平凡社，一九九二－二〇〇二年）——收錄希臘、拉丁、阿拉伯語所撰寫成的註解書日譯本，透過它，可以用日語接觸到不同時代、地區與範疇的各種註解書。另外也有精選過的平凡社library版（全七卷，二〇一八－二〇一九年）刊行。

竹下政孝、山內志朗編，《伊斯蘭哲學與基督教中世紀：理論哲學》（岩波書店，二〇一一年）——收錄本章所沒有介紹，關於希臘語和敘利亞／阿拉伯語註解傳統的論考。

川添信介，《水與紅酒：西歐十三世紀哲學之諸概念》（京都大學學術出版會，二〇〇五年）——詳細論述了十三世紀對亞里斯多德的接納。

專欄三

連結希臘與伊斯蘭的敘利亞語傳播者　高橋英海

不是學識從屬於言語，而是言語從屬於學識（中略）。哲學也不是只歸屬於希臘人，而是不管希臘人或者說非希臘語的人，只要努力都能獲得的事物。〔塞維拉．賽博夫特（Severus Sebokht），六六六／七年逝世〕

希臘起源的哲學傳統越過語言的障礙，廣泛傳播至東方，這或許並非偶然，而是因為存在像塞維拉這樣深思熟慮的人。

塞維拉所寫這段話的原始語言為敘利亞語，這是地中海東岸至美索不達米亞地區基督徒主要使用的語言。在東羅馬帝國統治下，說敘利亞語的人們自六世紀上半葉開始，將亞里斯多德的思想從支配者的語言——希臘語轉換成自己的語言來理解。此時，在西方，正是波愛修斯試圖將亞里斯多德翻譯成拉丁語的時期，而亞美尼亞則透過無敵大衛（David the Invincible）的著作，開始接納亞里斯多德的邏輯學；在敘利亞語文化圈中，塞爾吉烏斯（Sergius of Reshaina，約五三六年逝世）也對亞里斯多德的《範疇論》加以註解。

當七世紀中葉伊斯蘭軍隊征服美索不達米亞時，在幼發拉底河岸的秦納斯林修道院，以塞維拉為代表的僧侶們正在學習和教授亞里斯多德的邏輯學。九世紀初期，阿拔斯王朝的首都巴格達統治著從大西洋沿岸直到中亞的廣大領土，人們關注著各式各樣的學問，其中也有精通亞里斯多德哲學與蓋倫醫學的敘利亞語學者。當掌控帝國的菁英尋求將學術書翻譯成阿拉伯語時，有侯奈因・伊本・伊斯哈格（Hunayn ibn Ishaq, 808-873）為首的翻譯者，將已經翻譯成敘利亞語的作品再翻譯成阿拉伯語。這樣便建立起透過阿拉伯譯本學習亞里斯多德的傳統。該傳統由基督教徒阿布・畢修爾・馬塔（Abu Bishr Matta, 870-940）為祖師的學派繼承下來，並經由馬塔的弟子法拉比與其後的伊本・西那的努力，在後世開枝散葉。

除了透過阿拉伯語的傳播外，敘利亞語在希臘哲學傳入東方的過程中也扮演了重要角色。早前已發現，絲路要衝吐魯番的敘利亞語抄本片段中包含哲學內容，但最近的研究確認其中一部分為《範疇論》的翻譯。由此可知，大約在一千年前的中國境內，已有人士使用敘利亞語閱讀亞里斯多德的著作。

專欄四

希臘古代典籍與君士坦丁堡　大月康弘

自五世紀埃及亞歷山卓圖書館毀滅以來，君士坦丁堡就成為地中海世界的「希臘文化方舟」。經歷七至八世紀與阿拉伯的戰爭後，九世紀中葉該城的文化活動愈發活躍，迎來了文化史上的黃金時期。在這個時期，可以看到百科全書式的文化總覽傾向，包括宮廷禮儀、舊慣考證以及法典等世俗著作都被彙總起來。在皇帝的關注下，許多當時的參考書籍目錄也被編纂，並分門別類製作成參考文獻。

佛提烏是當時一位代表性的文人。他曾兩度擔任君士坦丁堡的總主教，並被正教會認證為聖人。他在希臘古代典籍方面造詣深厚，同時在君士坦丁堡大學擔任哲學教授。由於涉及教義的論爭以及與羅馬教會的關係，他與對立的伊格納修斯爭奪總主教的寶座。在他擔任總主教期間，雖然與羅馬教皇的關係惡化，導致了所謂的「佛提烏分裂」（Photian schism），但有趣的是，這個時期也是東羅馬帝國與阿拔斯王朝關係強化的時期。與羅馬相比，君士坦丁堡更傾向於與巴格達建立關係；這是一個在政治和文化的國際關係層面上頗為引人注目的時代。

佛提烏的主要著作《古典文獻總覽》是一本關於兩百八十冊希臘古代經典的書評集。根據這本書的序言，這是他在八四五年作為使者被派遣到阿拔斯王朝巴格達宮廷時撰寫的。雖然很可能受到當時巴格達文化活動的刺激，但無論如何，他詳細記錄了自己讀過的書籍的作品綱要、作者經歷以及所採用的記述樣式，堪稱現代「書評」的原型。從內容來看，其中包含了一百五十八冊基督教相關文獻和一百二十二冊世俗文獻。世俗文獻中包括九十九位作家的作品，除了詩類創作不見蹤影外，幾乎涵蓋了歷史、修辭學、哲學、科學等所有範疇。其中歷史類作品最多，共收錄了三十一位作者的三十九部作品。這也顯示出阿拔斯王朝的宮廷人士對希臘的科學、哲學和藥學相當關心，頗具趣味。

佛提烏是在哪裡讀到這些作品的呢？《古典文獻總覽》中並沒有提及相關資訊，也沒有說明他曾親自手抄謄錄。雖然他很可能是在旅居巴格達時執筆，但推斷他閱讀這些文獻的地方是在君士坦丁堡，這樣的推測應該更為妥當。

畢竟，在帝國的首都存在著宮廷和哲學大學的豐富藏書。因此，作為希臘古典文化方舟的君士坦丁堡，博學之士的學識大大超越了基督教思想，縱橫於中世紀首屈一指的希臘文化寶庫之中。他們對古代經典的深厚造詣，甚至讓反對派（伊格納修斯派）批評他們為「將靈魂賣給惡魔換取知識」。

CHAPTER

eight

第八章 佛教、道教、儒教

志野好伸

仏教・道教・儒教

一、言語

來自佛教的衝擊

對於古代中國的知識分子而言，世界就是「中國」。但因為他們也知道在「中國」之外，還有其他民族居住的地區和不同的文化，因此更精確地說，他們的觀念可表述為「『世界』是以『中國』為中心」。在古代中國的語言中，用來表達「世界」的詞彙是「天下」。順便提一下，「世界」這個詞彙在佛教經典中也經常使用，屬於佛教用語。這個由受「天」命、獨一無二的皇帝統治的「天下」，也即「世界」，正是古代中國的世界觀。然而，讓這種世界觀產生巨大動搖的，正是佛教的傳入。

佛教迫使古代中國的人們認識到，在中國之外也存在著高度複雜的思想體系。這種衝擊，與後來生活在基督教世界的人們透過傳教士了解到東方擁有比《聖經》所描繪的世界更古老且高度發展的文明的震撼相媲美。因此，可以說，佛教知識所帶來的影響，對中國而言，早於透過傳教士認識西歐文明的近一千五百年前，便已經體驗到了「西方衝擊」。

本章將延續本套書第二冊第六章「佛教與儒教的論爭」，以佛教帶來的影響為中心，觀察東漢末年至隋唐期間中國哲學的發展；同時也探討這一發展如何被朱子學（理學）所採納與吸收。

儒教解釋的刷新

佛教在傳入中國之初並未立即引起巨大的衝擊，而是經過一段時間，等到對佛教的理解基礎在中國形成後，才開始產生影響。而這種基礎的形成，源自於儒教在解釋經典方法上的變化。

在東漢時代，除了專門攻讀某部經典並由老師傳授弟子的註釋傳統外，還出現了透過個人努力閱讀多部經典並加以比較思考的新形式。此外，既有經典的普及和新經典的流傳，為這種新形式的發展提供了可能。所謂的新經典，是指被認為屬於秦始皇焚書之前的「古文經」，以及有關當時權力者的預言——雖然這些預言往往是為了迎合權力者而編造的——還有作為補充經書內容的「緯書」。由於緯書具有強烈的時代性，因此很快就被廢棄，但「古文經」卻使一向流傳的「今文經」退居二線，從而確立了其作為儒教正統經典的地位。在這個時代，尚未有紙本書籍，文字都是以木簡、竹簡或布帛來記載。

在這種新型態下進行經典解釋的學者，被稱為「通儒」。他們不滿足於逐字逐句的解釋（訓詁），而是渴求貫通於多數甚至所有經典中根本且抽象的原理。從緯書中關於世界之始的記述來看，這種趨勢的產生也並非無理可據。這些學者為了探求原理而參考的文獻，包括《易經》、《老子》，以及稍晚一些的《莊子》。隨著東漢王朝的衰弱，對儒教世界觀的懷疑逐漸蔓延，透過老莊思想的新視角重新解讀經典，也為儒教帶來了一股新風氣。這種新的學問稱為「玄學」。由於其探求根本原理的目標，「玄學」在二十世紀又被譯為「metaphysics」。順道一提，「metaphysics」這個詞的譯法，在中國和日本都稱為「形上學」，而這個用法源自於《易經》。

玄學

以玄學而名聞遐邇的是王弼（二二六－二四九）。這位在二十三歲便英年早逝的年輕天才，完成了《易經》和《老子》的註釋，並成為相當具有代表性的作品，在後來的註釋中占有規範性的地位。王弼註釋的特徵是以萬物及其根源的關係為核心，對原文進行明確而通順的說明。

讓我們來看看具體的例子！《老子》中提到：「道生一、一生二、二生三、三生萬物」。然而，成書於漢代的《淮南子》從「生成論」的角度來解釋：道是從「一」（或稱氣）所生，但「一」並未產生任何東西，而是首先分為陰陽，然後透過陰陽的和合催生出萬物。對此，王弼解釋道：「當『無』誕生出『一』時，『一』已不再是『無』了。而當我們提及『一』時，『一』（這個存在）與提及『一』又是兩回事。因此有了『一』和『二』，接著便會生出『三』。」他以這種方式來解釋從無到有的轉換。也就是說，透過支持存在的無、作為存在的「一」、以及將存在予以分節化的言語，才使「有」的概念成立，這是一種「本體論」的觀點。儘管《老子》原文接著提到「萬物負陰而抱陽」，但王弼並未註釋這句話，而是排除了以氣為前提的生成論。

王弼在其他地方提到，《老子》的內容可以用一句話概括，即「貴根本、治末節」（崇本息末）。以本末關係為主軸，他旨在確定一個支撐所有存在、作為根本的「無」，並提出讓萬物回歸於無、恢復統一秩序的方策，這些都可以從《老子》中解讀出來。

王弼在言語方面的思考也相當深刻。在《周易》繫辭上傳中，他提出了一個問題：「書寫的東西無法完全表現言語，而言語又無法完全表現意圖；既然如此，那聖人的意圖真的能忠實呈現出來嗎？」這個問題與「聖人在經書中隱含的意義是否能被充分理解」緊密相連。所謂的「言盡意」——言語是否真的能充分表達意義——的問題，也成為六朝時代論爭的主題之一。對此，《周易》繫辭上傳的回答是，「若使用以易卦等象徵的符號系統，就能充分理解聖人的微言大義。」

王弼則引用《莊子》中的「得魚忘筌」（捕到獵物後，便忘掉了捕獲的器具。）來主張：「若不忘記言語和象徵符號，就無法窮盡聖人的意圖。」屬於「無」這一層級的聖人意圖，與「有」這一層級的言語和象徵符號有著明顯的區別。要從有到達無的層級，就必須在靈活運用「有」之後，將其忘卻。這裡的論述同樣適用於本（無）與末（有）的關係。王弼還指出，孔子之所以不談論「無」，是因為他意識到「無」無法用言語表達，因此把孔子放在一個更高的地位，相對於經常討論「無」的老子。（此為《世說新語》所引之軼聞）

受到玄學強烈影響的皇侃（四八八—五四五）在解釋《論語》中「夫子之文章，可得而聞也；夫子之言性與天道，不可得而聞也」一節時，主張「孔子編纂的經書，不過是聖人為了攫取獵物而設下的網與陷阱；至於經書中所隱含的微言大義，則是凡人無法聞知的。」他將這一觀點與《莊子》中「死去聖人留下的話語，不過是聖人的殘渣罷了」的內容相呼應，作為《論語》的註釋加以記述。此外，陸德明（？—六三〇）的《經典釋文》將《老子》、《莊子》與儒教的五經及《論語》並列為經典，這也反映出儒教與老莊思想互補的思潮。

佛教、道教的經典觀

至於不斷翻譯經典的佛教陣營，則不像皇侃那樣簡單地貶低經典的價值。編纂《出三藏記集》的僧祐（四四五—五一八）曾著有一篇名為《胡漢譯經音義同異記》的作品，討論翻譯問題。在這篇作品的開頭，僧祐認為「文字是用來記錄口語的網，而口語則是用來獲取靈妙真理的陷阱」；然而，他並不主張必須忘卻言語和文字。作為創造文字的人物，僧祐舉出了創造由左到右書寫的婆羅米文字（用於表記梵文）的「梵」（梵天）、創造由右到左書寫的佉盧文字的「佉樓」，以及由上到下書寫的漢字的「蒼頡」（倉頡）這三位。雖然這些文字各自不同，但在傳達真理的功能上卻並無二致。在西方編纂的佛教話語中，即使將以西方為起點的末端的東方中國翻譯出來，與真理的關係也絲毫未變。和僧祐交情深厚的劉勰（生卒年不明）指出：「孔

子和佛陀的教誨有所差異，但道理是彼此重合的；胡語與漢語存在差異，但其教化的目的卻是共通的。」（《滅惑論》）

當佛典開始翻譯時，往往會沿用中國的用語——特別是老莊思想的用語——來進行翻譯，例如將「nirvana」翻譯為「無為」。然而，隨著對佛教理解的日益加深，人們開始思考以音譯或意譯的方式來表達更符合佛教概念的譯語。因此，nirvana的翻譯最終確定為音譯的「涅槃」。隨之而出現的意譯新詞還包括「緣起」、「輪迴」、「煩惱」，「世界」也是一個例子。至於「般若」、「菩提」，則是音譯的新詞。

如果佛典是記載佛陀言語的作品，那麼道教經典的定位則是道教神明特地下賜給凡人的話語。陸修靜（四〇六—四六七）所編纂的《靈寶經目》中提到的「未出經典」，指的是仍在天界、尚未出現在人間的經典。因此，即便人間無法理解眾神的話語，經典也並非無價值之物。雖然未必是有意闡述道教經典，但學習道教的葛洪（約二八三—三四三）在面對「德行是根本、文章是末節；寫在紙上的東西不過是個人留下的殘渣嗎」的問題時，他的回答是：「如果廢棄網就捕不到魚，那就不能拋棄網；如果拋棄文就無法行大道，那就不能拋棄文」，強調了文章的必要性（《抱朴子》文行篇）。據傳，《元始無量度人上品妙經》（簡稱《度人經》）是道教最高神祇元始天尊所傳授的經典，成文於五世紀，描述了元始天尊顯現的五篇真文，為混沌的世界帶來秩序。這些真文甚至擁有讓死者復活的力量，而《度人經》本身也被認為具有拯救眾生和讓死者復活的能力。

相對於此，禪宗的立場認為，真正的教誨並不會以經典的形式傳承下來。正如《碧巖錄》（一一二五）所示，達摩在中國看見了大乘的素質，於是傳下了開悟之心，他的方法是「不立文字、直指人心、見性成佛」。換句話說，這是一種不依賴文字、直接指向人心，讓每個人的佛性（成佛的素質）展現出來的方法。在禪宗傳承初期的歷史著作《傳法寶紀》（約七一二年）中提到，因為這個世界是言語的世界，所以聖賢需要用言語來引導人們走向無言語的境地。正如《莊子》所言，獲得「意」之後應該忘卻言語。然而，這種無言語的境地並不是王弼所追求的萬物歸一的根源，而是每個人心中本來就已具備的東西。

批判佛道兩教並意圖使儒教再生的宋代儒者中，有些人受到道教的強烈影響，編纂出了「太極圖」，認為萬物的生成是從無極到太極這一根源而來（周敦頤，一〇一七－一〇七三）。另一方面，也有人大概受到佛教論述的啟發，認為萬物之理乃是各自具備的本性，於是提出「性即理」的說法。（程頤，一〇三三－一一〇七）

二、精神、靈魂

神滅不滅論爭

前節提到的皇侃，在論及《論語》中「未能事人，焉能事鬼」這段時，提到了「外教無三世之義」的說法。《論語》中的「鬼」指的是死者的靈魂，但相對於「內教」——即佛教，它透過緣起與輪迴來說明前世、現世與來世，皇侃則指出，「外教」——即儒教，對於這個問題並不關心。詳述死後世界的佛教，將一套迄今為止聞所未聞的論述帶入中國。

相對於佛教之前以輪迴為主體前提的印度各派思想，採取無我說的佛教對於以輪迴為主體的自我則持否定態度。在佛教中，輪迴不過是形成自我的各要素（五蘊）以及隨之而來的因果關係而已。然而在中國，因為並沒有輪迴這樣的概念，所以佛教信徒常常會把構成輪迴主體的靈魂視為前提，以便解釋這一概念。相對於此，儒教陣營則是否定死後靈魂的存在，並對佛教提出批判，這被稱為「神滅論」。在此，「神」指的是精神或靈魂的意義。

東晉的僧侶慧遠（三三四－四一六）將儒教陣營的邏輯整理如下：不論是精神（神）還是肉體（形），都是氣的變化之姿，一旦氣散去，所有一切都將回歸宏大的根源。精神寄宿於肉體之上，猶如火燃燒木頭一樣，活著的時候兩者都會共存，但如果生命被摧毀，則兩者都會隨之消亡。相對於此，慧遠主張：「火在薪柴上傳遞，就如同精神在肉體上傳遞；火可以傳到其他薪柴，精神同樣也會轉移到不同的形體上。」他以「相同的精神會轉移到不同的肉體上」來解釋輪迴轉生（〈沙門不敬王者論〉）。按印度佛教的立場，當火轉移到另一處燃燒時，就不能算是同樣的火，而只是繼承了前一把火的各要素，並形成新生的另一把火，或者強調「火」這個實體並不存在。然而，慧遠則強調「火是移到別的薪柴上繼續燃燒」，也就是把「火還是同樣的火」當成大前提來看待。

在儒教陣營中，主張「神滅」的代表人物是范縝（四五〇－五一〇）。詳細內容請見本叢書第二冊第六章討論，在此僅摘取要點：范縝認為，肉體（形）與精神（神）是密不可分的，「形者神之質，神者形之用」。萬物並不是從「無」這唯一的根源誕生的；雖然它們以突然而生、突然消逝的形式存在，但這種生滅皆是依循天理，而萬物也各自遵循其本性，保持其秩序。在范縝看來，若說「肉體滅亡之後還會殘留靈魂（精神）」，不過是紊亂了這種秩序而已。相對於王弼以「無」為萬物基礎的立場，范縝的觀點被稱為崇有論。此外，崇有論早期階段發展的文獻是郭象（二五二－三一二）的《莊子注》。

體與用

在這個問題上，信奉佛教的梁武帝（四六四－五四九）一方面廣泛徵求對范縝議論的反駁，另一方面也撰寫了《立神明成佛義記》來反駁神滅論。在這裡，他使用了「體與用」這一對相對概念來說明心的構造。《立神明成佛義記》附上了武帝同時代人沈績的註釋；將沈績的註釋與武帝的論述彙整後，可以得到以下的論點：人類的心本來是明晰的，但因外部汙染而陷入無明境地。這就是心的「體」，而這種體是常住不變的。相對而言，心的運作則可稱為「用」，這種用是會產生與消滅的。武帝指出，「在無明這個體之上，有著生與滅；雖然生與滅在運作（用）上有所差異，但無明的心義是不變的。」沈績則說，「既有其體，便有其用」、「體之與用，不離不即。」

范縝所提的「質與用」關係本身，相當於《立神明成佛義記》中的「體與用」關係。然而，相較於范縝將肉體和精神對應於質與用，《立神明成佛義記》則不將肉體視為問題，而是將精神的本體與運作對應於體與用。透過這種論述，他們推斷在瞬間生滅的心背後，存在著某種不滅之心。雖然這種心籠罩著無明，但本質上是明晰的，因此從這裡可以認識到開悟的可能性和成佛的潛能。標題中的「神明成佛」四字正是對這種可能性的保證，也是這部著作的目的。武帝的這種思想受到「世間一切事物皆有開悟的可能性」的如來藏思想影響，亦即「一切眾生，悉有佛性」。如來藏思想在東亞廣泛被接受，特別是在日本，甚至連人類不會轉生成的一草一木也被認為具備佛性。

以神滅論為契機，體用關係的概念逐漸固定下來，並被應用於各式各樣的說明中。在六世紀左右成書的《大乘止觀法門》中——作者被認為是天台宗的慧思（五一五－五七七）與攝論宗的曇遷（五四二－六〇七）——除了將無明視為體，因業而生的心與妄想視為用外，還可以看到將世俗的教誨與終極的教誨（真諦）對應於用與體，從而強調「體用無二」，即兩者一體性的觀點。另一方面，由禪宗慧能（六三八－七一三）的弟子法海所撰的《壇經》中，則把定（透過禪定、冥想讓心靈沉靜）視為體，慧（理解智慧、真理）視為用，並認為兩者是相等的。然而，根據小川隆的研究，彰顯慧能的神會（六八四－七五八）則以與傳統佛教用語不同的方式使用「定慧」。神會這樣說：

所謂「定」，意味著「體」的無法掌握；而所謂的「慧」，則能使這個無法掌握的「體」不斷回歸到靜寂的狀態。在這種狀態中，可以看到無限的「用」，這就是為什麼我們提倡要「定慧雙修」。（《菩提達摩南宗定是非論》）

神會的主張認為，對無分節本性（定、體）的發現（慧、用）是關鍵所在。神會批判神秀（六〇六－七〇六）一派（「北宗」），成為奠定日後南宗興盛基礎的重要人物。相對於北宗主張「將自我同化於本性之中」，神會並不把自我「回收到本性之內」，而是「透過立足於本性的行為，對個別主體做出一種肯定的命題」（小川隆，《神會》，頁一三三）；簡單來說，這就是神會所認定的「見性成佛」。

體用與本末

相較於本末關係所認定的「世界有唯一的根源，並在這根源之下樹立了一切的基礎」，體用關係則不預設這種根源，而是從個別現象的不變性與活動性兩方面來加以說明。本末關係非常適合將「道」視為絕對的老莊思想——特別是老子。然而，相對於不認為存在「唯一根源」的佛教，這一觀點在調性上顯得格格不入。為了理解印度傳來的佛教思想，中國方面編織出的概念架構，簡而言之，就是體用關係。說到底，佛教並不認為世界只有一個——也就是所謂的「三千世界」，因此也不存在追究單一世界根源的發想。

另一方面，道教受到佛教的啟發，但它仍然以神仙思想和老莊思想為核心形成的宗教，因此其論述也傾向於世界根源說。《洞玄諸天內音經》主張人死後會重生的輪迴觀念，但每一次的生父母（「受胎父母」）與在輪迴最初的生父母（「始生父母」、「真父母」）之間是有區別的。受胎父母給予我肉體（「形」），但因為有了肉體，反而引發了許多禍端。在無肉體的身體（「無身」）下，身體與精神（「神」）合而為一，從而形成真正的身體（「真身」）；如此一來，便能回歸「始生父母」，達到不死的境地。所謂「始生父母」，被推定為元始天尊等神明。一般認為成書於四世紀上半葉的《西昇經》也提到，在成為「無肉體的身體」的情況下，憂愁和慾望都會消失殆盡，保持精神並與道合一。因此，即使同樣談論輪迴，佛教與道教的情況仍然有很大的差異。

話又說回來，體用關係其實就是《立神明成佛義記》中對精神本體及其運作加以解釋的一種應用；朱子學（理學）也沿襲了這種應用。在記錄朱熹（一一三〇－一二〇〇）言論的《朱子語類》（卷五）中，他將心分為未發和已發兩種狀態：「未發之前是心之體，已發之際乃心之用。」朱熹的弟子陳淳（一一五九－一二二三）則指出，心在具備體用的狀態下，「體即是性，是指心的靜態；用即是情，是指心的動態。」（《北溪字義》）也就是以體用來解釋性與情。朱子學認為性即理，而理又與太極這一根源相結合，因此朱子學可以說是一種統合了本末關係與體用關係而成立的學問。

三、孝

自己的肉體與孝

話又說回來，當佛教進入中國之際，儒教陣營對其最激烈的批判之一便是僧侶必須剃髮出家這一做法。剃髮違反了《孝經》中「身體髮膚，受之父母，不敢毀傷，孝之始也」的教誨，而出家則因為拋棄家族、斷絕子孫，違反了《孟子》所言的「不孝有三，無後為大」。

相對於此，佛教陣營並不否定孝的價值，並試圖以佛教的方式重新解釋孝道。孫綽（三一四－三七一）在〈喻道論〉中擁護佛教，他的主張如下：究其根本，親子是一體的，因此若父母感到歡欣——父母對於孩子體悟真理理應會感到高興——便是充分盡了孝道。不僅如此，忘卻父母與自己的關係，才是真正的養親之道。為了體悟真理，肉體是一種束縛，因此剃髮是必要的。若我們能體悟真理，並透過功德使逝者得以往生天界，那麼又何必在乎世俗的祖先祭祀呢！孫綽之所以會有這種主張，背景源自《孝經》中「身體髮膚，受之父母，不敢毀傷，孝之始也」之後的論述：「立身行道，揚名於後世，以顯父母，孝之終也。」因此，佛教陣營認為，在捨棄儒教重視的身體髮膚這一層次後，雙方所要達到的終點其實是一致的，所以佛教也主張孝道。

不僅如此，若將輪迴思想納入考量，則自己祖先轉世成為何種姿態，在這一世是無法得知的；因此，所有生物都有可能是自己父母的轉世。據推測成書於五世紀中國的《梵網經》在解釋殺生戒時，就強調了孝道的重要性：「所有男性都是我的父親，所有女性都是我的母親；我在輪迴中反覆得生，皆因他們的緣故；因此，六道（地獄、惡鬼、畜生、修羅、人、天）中的眾生，都是我的父母。殺害他們並加以食之，就等於是殺害自己的父母，也等於是殺害過去的自己。」因此，「殺生報生，是不合乎孝道的。」這裡的「殺生報生」指的是人類殺害動物或魚類來食用。若將父母的定義擴展至「世間活著的所有萬物」，那麼自己與生身父母的關係當然會變得稀薄，而剃髮、出家也不再被視為重大不孝之舉。

上一節提到的道教《洞玄諸天內音經》中也認為，比起實際的父母，即「受胎父母」，更應重視「始生父母」和「真父母」的關係。雖然道教並未否定對實際父母的禮節，但這畢竟是儒教的領域，而不是道教的主軸。道安（三一二—三八五）在〈二教論〉中區分了會死滅的肉體與寄宿著不滅理法的精神；他稱拯救肉體的教誨為外教，拯救精神的教誨為內典，認為儒教是外教，佛教則是內典。儒教關係於肉體與世俗，佛教則涉及精神與超俗，兩者是分棲共存的。這種儒佛比較的典型架構，後來一直被延續使用，關於孝道問題的議論也是沿襲了這一比較架構。

佛教、道教的孝

另一方面，佛教陣營為了更積極地主張孝道，在中國編纂了《父母恩重經》等經典。《父母恩重經》列舉了自父母授予氣、形開始的十種恩德，並強調為了報答這些恩德，無論在家還是出家，都應該一視同仁地努力行孝，同時也應該進一步促使父母信仰佛教，這才是真正的孝養。值得注意的是，與父親相比，這部經的重點更多放在「慈母思子」上，誠摯而深刻的描繪了母親的恩德。雖然《盂蘭盆經》描述的是佛陀弟子目連拯救落入地獄的母親的故事，但意圖融合禪宗與其他各派佛教的宗密（七八〇—八四一）在對這部經典註解時，提出了以下的論述：

外教（儒教）主張，人以形質為本，身體代代相傳；因為可以從父親追溯至七代，所以應該尊敬父親。佛教則認為，人以精神為本，創造形質的要素寄託於精神（靈識）之中；在這世到下一世轉生的過程中，父母始終存在，滋養著我們的身體。從這一世可以追溯到七代之前的父母，因此也是七世，但我們的身體寄託僅在母親的胎內，生下來後餵奶和懷抱我們的，大多是母親，因此應尊敬母親。因此，經典中強調「要回報哺乳的恩惠」。（《盂蘭盆經疏》）

在儒教文獻中，當然也可以看到強調母恩的表現，但如果根據宗密的說法進一步延伸，可以得出以下論述：外教（儒教）雖重視親子間肉體（形質）的連續，但他們重視的僅是觀念上的肉體，因此對母親的存在有所忽視。相反地，將重點放在精神上的佛教（內教），則更能感受到母親的體溫，並虛心承認母子關係。因此，可以說頗為強調對母盡孝的「二十四孝」故事，其實是儒教與佛教要素交會下的產物。

割股與孝

不過，即使是主張殺生戒的佛教，也仍然存在肯定「殺生報生」的情況；那就是佛陀提供自己的身體，來拯救生物的「捨身」話題。在釋迦牟尼誕生於印度、開悟之前的故事中，所謂的「本生譚」提到佛陀曾把身體獻給飢餓的老虎，以拯救老虎的幼崽，或是為了拯救被老鷹追逐的鴿子，割下自己的大腿肉餵鷹等事蹟。宗炳（三七五－四四三）的《明佛論》中稱這樣的事蹟為「投身濟之、割股代之」。

後者，即「割股」，自唐代以後也被視為對雙親的孝行而受到表彰。據《新唐書・孝友傳》所述，自陳藏器的《本草拾遺》出版後，民間每當父母生病時，常會有人切下自己的大腿肉獻給父母。這種與儒教一貫的「身體髮膚，受之父母，不敢毀傷」的教誨明顯背道而馳的行為，自然受到批判，但正如魯迅在《狂人日記》中所言，這種風俗一直延續到了清末。

佛教將「世間一切生物都有可能是自己父母」與「佛陀為了拯救生物，切下並獻出自己的大腿肉」兩者結合起來思考，從而將割股解釋為孝行。將自己的肉獻給生身之親的孝行故事，也出現在《大方便佛報恩經》等佛典中。站在佛教的立場，存在於輪迴轉生中的人，實際上不必過於拘泥於今世所獲得的身體。然而，我們仍然必須銘記今世所受的父母恩惠；因此，為了報答這種恩德，將今世的身體獻出去被認為是一種孝行。然而，對於不承認輪迴轉生前提的儒教來說，將犧牲無可替代的身體視為「孝」來加以肯定，確實是一件困難的事情。因此，從儒教的立場看，支持割股這一行為，僅僅是專注於讚美此人的動機純正。前述的《新唐書・孝友傳》就認為這是欠缺學問與禮儀之人的行為，但因其出於「誠心」，仍然值得彰顯。

朱熹也使用了「誠心」這個詞彙來評價割股。他說：「割股當然不是正確的行為，但如果是出於誠心，而不是為了讓人認定自己是孝子，那仍然可以說是接近正當的行為。」（《朱子語錄》卷十七）隨後，他以「割股」為依據，來證明《孟子》中所言的「理義之心（獲得正確道理之心）」乃是人人皆有的（同前揭書卷五九）。正如前節所指出的，朱熹並不是像范縝那樣將體和用看作「肉體和精神」的差別，而是將其對應到心靈的本體與運作上。雖然割股是一個極度關乎身體的問題，但朱熹在這裡拋開了身體的層次，將問題還原到心的層面。這種解釋雖是在論證「佛的教誨與孝道並不矛盾」，但也是建立在佛教將孝從既有的身體層次予以抽象昇華的基礎之上。

延伸閱讀

船山徹，《六朝隋唐佛教展開史》（法藏館，二〇一九年）——關於佛教在中國發展的最新研究成果，特別是第一篇第二章〈體用思想的開端〉，相當值得參考。

小川隆，《神會：敦煌文獻與初期禪宗史》（臨川書店，二〇〇七年）——小川先生以精讀禪語錄為基礎，對禪宗史進行重新檢討；在他這一連串的業績當中，謹舉出本章引用的這一冊。

麥谷邦夫編，《中國中世社會與宗教》（道氣社，二〇〇二年）——基於科研費成果的論文集，其中關於「孝與佛教」和「真父母」的議論，特別值得參考。在京都大學的學術資料庫，https://repository.kulib.kyoto-u.ac.jp/dspace/handle/2433/98009，可以進行下載。

福永光司等，《岩波講座・東洋思想：中國宗教思想》1、2（岩波書店，一九九〇年）——從「內外」、「體用」、「有無」、「本末」等概念，來探尋中國思想的特質。

CHAPTER
nine

第九章
印度的形上學
片岡啟

インドの形而上学

一、回歸知識論後的論爭史

印度哲學的潮流

在吠陀時代（約西元前一五〇〇年至前〇年）之後的印度次大陸，自佛教於前五世紀興起以來，婆羅門與沙門（出家修行者）之間的對立成為思想發展的核心軸線，催生出多樣的哲學與思想體系。對始原原理與存在的探索，在西元前後結出碩果，發展為數論派的二元論與阿毘達磨的精密本體論。以文法學為基礎的思辨，進一步推進至對印證認知對象的認識手段（理證與教證）的完善。包括論證術在內，對認識手段的質疑深刻規範了西元五世紀以後的論爭歷史，也奠定了其發展的基調。

在印度的知覺論中，很容易發現與西方近代知識論相似的問題群。然而，基於討論術傳統的影響，印度帶有濃厚經驗主義色彩的推論分析視角，為我們提供了一種替代性的觀點。此外，印度思想中對於言語和聖典的處理，也展現了鮮明且富有特色的思辨。以聖典和主宰神為主題的教條論爭，其背後同樣涉及對知覺、推論、言語的嚴謹知識論探討。

西元五世紀以後的印度哲學，由於高度專門化的知識論壁壘，若非熟悉術語的專家，便難以接近。因此，將那些即使不精通知識論術語也能理解的古代《奧義書》哲學及其衍生的部分神學，視為印度哲學的代表，這種思維並非毫無道理。本章將以佛教和婆羅門教等當時最前沿的討論為主軸，概括五世紀至十二世紀的印度哲學發展。另一方面，十三世紀以後隨著佛教的衰退，發達的知識論影響了新正理論派的術語和表達手法，專門性逐漸深化；在此過程中，展現出與符號邏輯學截然不同的思維明晰化趨勢。

陳那在知識論上的衝擊

瑜伽行派的世親（約三五〇－四三〇）提出「否定外界存在，唯有認識方是存在」的唯識思想。延續這一傳統，佛教邏輯學者陳那（約四七〇－五三〇）在其主要著作《集量論》中，對世親的學說採取了批判性的接納態度，從而確立了自己的論述。同時，他也對其他學派如正理派邏輯學、勝論派自然哲學、數論派的二元論、彌曼差派的聖典解釋學等展開了深入的批判。

接續陳那的批判，遵奉吠陀聖典的聖典解釋學派——彌曼差派的鳩摩利羅（Kumārila, ca. 600-650）從婆羅門教的立場出發，在《頌評釋》中確立了擁護吠陀聖典的彌曼差哲學教理體系，並反過來批判佛教。鳩摩利羅在書中列舉了以下主題：認識與言語的真偽、全知者、殺生、六種認識手段（知覺、推論、類比、證言、假設性推論、無作為的認識手段）、認識的無所緣性（缺乏對應的外界對象）、形象、現世利益的祭儀、音素、詞語、文句、吠陀、語意（普遍性與他者的排除）、語言與意義的關係、主宰神、個我等。

接續鳩摩利羅的批判，佛教邏輯學者法稱（約六〇〇－六六〇）在註解陳那的《釋量論》及後續著作中，修正了陳那的理論，並建立了佛教邏輯學和知識論的哲學體系。自此，佛教的邏輯學與知識論便依循著法稱的宏大框架展開，其影響一路延續到藏傳佛教。另一方面，在法稱的革新之前，屬於陳那系統的邏輯學（即新因明），透過玄奘的漢譯（《因明正理門論》、《因明入正理論》）在東亞發展起來。

在八世紀哲學綱要書中可見的各論點

寂護（約七二五－七八八），作為那爛陀寺的長老，被赤松德贊王招攬至西藏（吐蕃）傳授具足戒，是屬於瑜伽行中觀派。他在其哲學綱要書《真理綱要》（Tattvasaṃgraha，總計三六四五偈）中，對當時的印度思想展開批判性的概觀。作品開篇，他針對數論派所提出的有關世界發展終極素材的根本原因來加以討論，並批判正理論派、勝論派附和數論派所樹立的主宰神與有神論觀點。此外，他還討論了無因學說、文法學者伐致呵利（Bhartṛhari，約五世紀）所提倡的梵語言論、數論派二元論的純粹精神等關於世界起源的主要理論。接著，他針對「阿特曼」這個永恆不滅的個我，批判了正理論派、勝論派、彌曼差派、數論派、耆那教、吠檀多神學、犢子部等各派學說。

在確認「剎那滅」以及業與果報之間關係這一佛教基本觀念後，寂護進一步針對當時有力的本體論——以勝論自然哲學為基礎的各種原理：實體、性質、運動、普遍、特殊、內屬等，依序進行批判。在語意論方面，寂護對強調個物、普遍等「有」之語意的婆羅門教各派提出批判，並將佛教特有的「排除他者」的否定意義論（強調差異意義的語言理論）與他自身的有形象知識論結合。他接著論述了佛教認定的兩種認識手段：知覺與推論（量），並按順序駁斥其他學派所依賴的各種認識手段。寂護進一步否定了耆那教從多視角出發的相對主義、從阿毘達磨議論中追溯出的有關未來、現在、過去三世的各種理論、唯物論以及承認外界存在的各派學說。最終，他得出一個結論——「所有一切都只是心的認識」，即確認了唯識說的觀點。

在附論的結尾部分，寂護針對吠陀聖典中話語的「人為性」與「非人為性」（第七二六偈）、認識／話語的真偽（三一三偈）、以及佛陀的全知者性（五二三偈）等三大論題，依循法稱的方針，花費大量篇幅批判鳩摩利羅。這三個論題全是鳩摩利羅用作正式議論架構、認真探討的核心部分，並且是關於聖典、聖者等宗教權威的爭論焦點。

佛教與婆羅門教的對立

以鳩摩利羅與法稱為主軸鳥瞰印度思想的視野，在正理論派邏輯學者賈亞安塔（Jayanta Bhatta, ca. 840-900）的主要著作《邏輯花房》中同樣得以展現。賈亞安塔一方面將法稱學派的「原因總體」見解全面納入自己的因果論中，同時也將正理論派未曾深入探討的文意論——對聖典解釋學至關重要的議題——引入正理論的傳統。另一方面，與鳩摩利羅和法稱的無神論立場形成對比，鳩摩利羅在其聖典解釋學中將吠陀視為非人為的常住之物，否定了主宰神（濕婆）創造、維持、毀滅的神性角色，而法稱則持無神論立場。賈亞安塔則對主宰神作為吠陀作者的角色表示關注，並從正理論的角度提出了一套關於主宰神的論證。

賈亞安塔也特別注意各學派和各宗教的定位（可視為一種教相判釋）。在以吠陀聖典為中心的婆羅門教學派中，他將正理論與彌曼差學派並列，並從佛教等派對吠陀的批判中，建立起一套積極擁護聖典的邏輯體系（包括討論術），確保其獨立地位。他將濕婆教、毗濕奴教視為非吠陀宗教，並將佛教、耆那教、數論（含瑜伽）視為反吠陀的教派，認為它們屬於「不值得稱為獨立宗學的低俗唯物論」，是「最底端的邪教」。然而，最終他提出了一種宗教多元論，主張「所有的教典（阿含）都是正確的」。同時，他在《論議法》中接納了法稱的銳利批判，並依循正理論討論術的傳統對其予以擁護和回應。

超戒寺與那爛陀寺齊名，是著名的佛教僧院之一。其六賢門之一的智勝友（Jñānaśrīmitra，約十一世紀）除了批判正理論學者巴沙婆闍那（Bhasarvajna）外，還對聖典解釋學者蘇恰利塔（Sucarita，十世紀上半葉）以及以統合婆羅門教各學派註釋學風著稱的瓦卡斯帕蒂（Vachaspati）提出了非議。此外，他也提到了現今著作已散佚的正理論派學者，如商羯羅主、維托卡、特里羅伽那等。他討論的主題涵蓋存在的剎那滅性、推論前提中的遍充關係、概念論（他者的排除）、主宰神等範疇。尤其是在關於認識內形象是否存在（真實與虛偽）的討論中，他與同屬超戒寺四大門守的上首賢諦巴（Ratnākaraśānti）展開了多次反覆論爭。

透過知覺顯現在心中的「純一青物」等形象，究竟是否與認識本身為一體，並真實存在於因果關係中，還是它僅僅是捏造出來、虛偽的事物？這樣的見解差異，同樣可以在年代較早的智作慧（Prajñākaramati, ca. 775-840）與法上（Dharmottara, ca. 740-800）之間看到。這種論爭還可以回溯到更古老的護法（五三〇－五六一）與安慧（約四八〇－五五五），他們圍繞著「有相與無相」的對立展開討論。繼承鳩摩利羅的聖典解釋學者曼達那彌濕羅（Maṇḍanamiśra, ca. 660-720）從錯誤論的觀點出發，將兩派學說整理為「認識本身的顯現」與「非有的顯現」，他的主張對智作慧產生了顯著影響。在法稱的《釋量論》註釋中，他不僅運用了曼達那彌濕羅所引入的錯誤論術語，還在文章的開頭，詳細論述了彌曼差派的文意論（命令論、使役作用論）與佛教理論之間的衝突與扞格。

烏德衍那（Udayana, ca. 1050-1100）繼續延續《正理經》的瓦茨亞亞那注、烏底耶塔加羅（Uddyotakara）再注、瓦卡斯帕蒂三注的傳統，在他的著作中透過嚴密的主宰神論證與阿特曼論證，擊退佛教的批判，並將婆羅門教的有神論與有我論集大成。曼達那彌濕羅在其著作《命令辨別》與《梵論》中，企圖將吠陀聖典中的祭事部分與知識部分（奧義書）加以整合並統一解釋。瓦卡斯帕蒂則對曼達那彌濕羅的兩部著作加以註釋，並以帶來統合學風而著稱。烏德衍那以其邏輯論證的鋒利見長，這一連串學術傳統的譜系，成為思考從甘給舍（Gaṅgeśa，十二世紀下半葉）開創的新正理論學所受影響時的重要參考。特別是瓦卡斯帕蒂，他在命令論中脫離了原有的架構，展開對佛教的詳細批判（剎那滅、全知者、認識之真、形象）。

另一方面，在佛教衰退後，經常與新正理論學對立的彌曼差・普拉巴卡拉中，薩利卡納（Salikanatha，九世紀下半葉）是特別重要的主要人物。身為精通勝論派本體論的聖典解釋學者，薩利卡納以哲學方式對無所緣說（即認識欠缺對應外界對象的佛教主張）、錯誤論、普遍性、認識手段（知覺、推論、聖典、類比、假設性推論、無作為的認識手段）、語意關係、個我、音素的常在性、剎那滅、文藝論等諸多議題展開深入討論。

各論師的年代

本章在界定年代相當困難的印度哲學史中，以中國、西藏等推定年代較為明確的佛教論師為主軸，來探討西元五到十二世紀印度知識論、本體論、意義論、邏輯學的發展，並以「印度形上學」的形式加以探尋。至於括弧中附註的各論師年代，為了呈現相對關係，僅採用暫定、方便行事的方式標示。

年代（西元）	佛教	彌曼差	正理論
400	世親		
			瓦茨亞亞那
500	陳那		
			烏底耶塔加羅
600	法稱	鳩摩利羅	
700		曼達那彌濕羅	
	寂護		
	法上		
800	智作慧		特里羅伽那
		薩利卡納	賈亞安塔
900		蘇恰利塔	巴沙婆闍那
	賢諦巴	瓦卡斯帕蒂	
1000	智勝友		
1100			烏德衍那
1200			甘給舍

二、環繞「實在」的質問

本體論的兩個潮流

印度哲學的本體論主要可分為兩個系統：一是阿毘達磨，根據感覺器官的對應將世界的構成要素分類為十八界（色、聲、香、味、觸、法、眼、耳、鼻、舌、身、意、眼識、耳識、鼻識、舌識、身識、意識）；另一個是勝論派，以六原理（實體、性質、運動、普遍、特殊、內屬）為準，透過水平延伸的方式對各要素加以分類。另一方面，數論派則主張二元論，從純粹精神與根本物質的對立出發，提出「由一元發展成多元」的創出論，並採用「由微細到粗大」的上下階層視點。最終，數論派提出了純粹精神、根本物質、統覺機能、自我意識、意根、五感覺器官（眼、耳、鼻、舌、身）、五運動器官（口、手、足、肛門、生殖器）、五微細要素（音、觸、色、味、香）、五元素（虛空、風、火、水、地）這二十五個原理（二十五諦）。與將創造神置於最上位的神學體系較為相容的是數論的見解；例如，濕婆教的神學便將數論派的二十五原理擴充為三十六個通常原理。

本體論若僅就世俗層面來看，歷史上變化相對較少，最多只是後代討論是否應該追加幾個實體（如黑暗與能力）。然而，從神學層面來看，對於一元之中各存在最終將還原成什麼，則存在相當大的意見分歧。例如，賈亞安塔在一元論的記述中，列舉了梵不二一元論、言語梵不二一元論、認識不二一元論等看法。最終的觀點是唯識說。陳那在《觀三世論》中引用了文法學者伐致呵利的記述，將「言語梵」替換為「認識」，巧妙地將言語梵與認識置於一元的同等地位。此外，唯識的各種理論（例如認識是出於自我光輝的「自我光輝論」）也傳入了吠檀多與濕婆教神學中，因為這兩者的相容性本就十分契合。

原子論與部分、全體

就像阿毘達磨為五官對象與心理要素的分類投入心血一樣，原子（極微）作為知覺無法察知的極小單位，在立足於勝論派本體論的婆羅門教與立足於阿毘達磨本體論的佛教之對論中，也被視為普遍前提而得到認可。

勝論派認為，在九種實體中（地、水、火、風、虛空、時間、方位、個我、意根），地、水、火、風四種元素是由原子組成的，而其餘實體如虛空、時間、方位和個我（阿特曼）則是極大且普遍的存在。然而，雖然作為個我的阿特曼在普遍存在，但由於被侷限於特定的身體中，其運作並非普遍的。

另一方面，屬於個人運作的意根（末那／manas）則是極小的，只有原子大小。與被稱為「外部器官」的五官相比，作為「內部器官」的意根在勝論派和正理論派的說法中，被認為是五官與個我聯繫並產生認識的關鍵樞紐角色，也可以用來解釋意識集中的事物。然而，意根也會根據理論的需求，在適當的時機扮演其他角色。在佛教中，意根的角色並非單一；它會根據教學體系的要求，在不同情況下扮演如超級救火隊的角色。因此，意根並不是一條直線，而是一個複合的概念。

在勝論派的本體論中，全體與部分之間是一種「在全體內包含著各部分」的內屬關係。例如，布和線之間的關係就是「線內屬於布」。雖然兩者難以分離，但它們卻是徹底不同的存在。正如佛教所言，不認同全體實在性的觀點認為，全體並不能完全解消各部分。鳩摩利羅認識到，將全體和部分視為相異物體的本體論在與佛教的論爭中是有困難的，因此他提出了「在存在上儘管同一，但在認識上卻有明確區別」的主張，也就是所謂的「別且非別」。他所採用的這一見解，其實接近於從多面觀點看待世界的耆那教。

另一方面，對於後來許多印度哲學者而言，文法學者伐致呵利始終是參考的焦點。他不承認部分的實在性，而是一貫主張全體才是真正的實在。例如，伐致呵利認為，只有「文句」才是真正實在——且被用於現實——的言語，而語詞和音素等只是後來學者所抽象出的概念建構物。然而，究極而言，唯有言語「梵」這一元才是真正存在的；由各種語意構成的現象世界僅僅是轉義上所說的「有」。

普遍論爭與遮詮論

以實體、性質、運動三分類為基礎的勝論派存在分類，背後源於名詞、形容詞、動詞這三種分類的構思。我們可以注意到，在印度哲學的普遍趨勢中，文法學這一關於言語的學問，經常是各種哲學理念的根源。繼承波你尼（約前三八〇）學術傳統的文法學者波顛闍利（約前一五〇），其著作《大疏》及伐致呵利的作品之所以重要，正是基於這一點。即使在文體與用語的層面上，這種廣泛的影響也能輕易地被確認。

另一方面，圍繞所有個物共通的普遍（闍提／jati）實在性，承認這種性質的婆羅門教各派與標榜諸行無常、不認為有常住實在的佛教之間，持續展開激烈的論爭。陳那認為，當我們談論「牛」這一對象時，並不是要建立普遍的「牛性」，而是要排除非牛的事物，從而建立起一種差異。換言之，我們不是認同「普遍」這種實在的共通性，而是透過對他者的排除（anya-apoha）來界定「牛」這個詞的意義。陳那的觀點是，「牛」這個語彙所指的，其實是「非牛以外的事物」。這種以差異（與他者相違）為意義的見解，在文法學派的文意論中（例如對「黑・芝麻」這一合成語意義的討論）已獲得認可。陳那將這種論述進一步昇華為自身流派的語意論。不僅如此，他還將這一論點擴展到普遍的概念論，認為推論等具分別知（包括言語概念構想的認識）的對象，都會產生對他者的排除。

這種作為語意論和概念論的「遮詮（apoha）論」，自陳那以來，持續成為與婆羅門教爭執的焦點之一，並在理論上進一步深化發展。另一方面，在佛教內部也並非毫無異議。法稱接受鳩摩利羅對陳那的批判，不僅從意義論出發，還兼顧本體論和行為論的觀點，為遮詮論這一概念論提供基礎。法稱及其直系傳人認為，「作為結果的形象會明顯傾向於真實」，然而這種遮詮論又受到認為「形象乃虛偽」的法上批判與修正。賈亞安塔的佛教思想則將這兩種說法並列。無形象與有形象的對立一直持續到印度佛教晚期，即賢諦巴與智勝友的時期。

三、知識論

回歸到量（認識手段）

陳那的《集量論》分章為：（一）知覺、（二）自為的推論、（三）他為的推論、（四）喻例、（五）他者的排除、（六）討論中的詭辯式反擊。透過法稱，這些章節對後來的知識論產生了重大影響。同時，這也象徵著陳那之前，印度在論證與討論術方面的悠久傳統，結合於認識手段（量）這一架構下。陳那將「從煙推論出火」的過程與在討論中藉由「音聲是無常之物，因為它是被創造出來的東西，就像壺一樣」進行論證的過程，視為同型的認識過程；前者稱為「自為的推論（自比量）」，後者則稱為「他為的推論」（他比量）。此外，「牛」作為談論的對象，替代了普遍（牛性），建立了他者的排除（非牛的排除）。根據陳那的論述，言語也是他為的推論，因此它是透過證因（所作性，「牛」這個詞）來進行他者的排除（對常住事物與非牛的排除），從而浮現出共通相（無常性與普遍的「牛」）的過程。陳那也將「在討論中利用詭辯術展開擬似論證與論難」的處理方法結合到推論的議論之中。

作為推論前提的遍充關係

在推論中，像「那座山上起火了，因為有煙，就像煙囪一樣」以及「音聲是無常之物，因為它是被創造出來的東西，就跟壺一樣」這類論證法，必須依賴於眾所周知的喻例，如煙囪和壺，才能予以類推。例如，以煙囪為例才能推論到山上的火。世親脫離了這種單純的類推，將「沒有火就絕不會有煙」的關係稱為「沒有（所證）就不會有（論證因的）關係」，明言在這樣的關係中，必須存在論證因。陳那在他之前的論證因三條件（因之三相）基礎上，進一步磨礪，提出以下三個條件：（一）煙具有山的屬性；（二）唯有在有火的地方才會有煙；（三）沒有火的地方，絕對不會有煙。接著，他將火與煙的關係置換成「有火的領域」與「有煙的領域」這種廣狹的空間印象，並以文氏圖的方式表現「煙隨著火而普遍傳開」的意義，詮釋為「（透過火讓煙）得以遍充」。此後，印度哲學在指涉必然性這一普遍法則時，廣泛使用陳那的「遍充」（vyapti）這一術語。此外，我們還可以見到「唯有（透過火，煙）才會產生」這種表現方式。也就是說，「遍充」這個陳那發想的源頭，其實來自限定詞「唯有」的用法。

對於普遍實在論者鳩摩利羅而言，遍充關係的解釋相對容易。他認為，學習普遍法則的方法就是「一再觀看」。只要經歷多次經驗，就能理解煙性與火性之間的普遍關係。相對而言，對於不認同普遍的陳那而言，遍充關係的學習則難以解釋。於是，他放棄了肯定的學習方法，轉而訴求否定的學習方法。在這裡，出現的機制是「迄今為止沒有見到的東西就不存在」，也就是所謂的無知覺（未知覺、無把捉）概念。然而，與「迄今為止已經看到好幾次（且未來也會看到）」這種依據經驗的推論相同，依循「迄今為止並不是絕對看見」這種未經驗的推論，無法涵蓋所有過去、未來及現在的個物。因此，我們最終無法依賴經驗主義的方式，來確保我們的推論百分之百正確。桂紹隆評論道，陳那的遍充關係是「以在異類或異類群中見不到反例為限，方能視為妥當的一種『假說』。」（桂紹隆，《印度人的邏輯學》，中公新書）

針對鳩摩利羅的既有經驗與陳那的未經驗所共同呈現的經驗主義極限，法稱展開了銳利的衝擊。法稱主張，火和煙之間的客觀因果關係正是推論的基礎。在討論音聲的無常性與所作性（被創造性）時，作為音聲存在基礎的兩者中，論證因（所作性）則以所證（無常性）為本質，這意味著所作性若沒有無常性，是無法獲得的，這就是它的客觀基礎。他將這兩種基礎稱為「束縛自性的事物」，並由此揭示擁有論證因的第二、第三條件背後的原理。結果，法稱的邏輯學從喻例的束縛中獲得了本質的解放。這種不需要喻例的推論，後來在賢諦巴的《內遍充論》中得到了全面的主張。

另一方面，作為先行者的陳那認為，為了滿足論證因（例如煙）的遍充關係提供例證，就必須使用由同類例（例如眾所周知的有火的煙囪）和異類例（例如眾所周知的沒有火的湖）構成的喻例來進行論述。他也注意到，在論證因的第二、第三條件上存在邏輯的重複（換質換位）。然而，他並沒有完全放棄傳統說法，而是採取了妥協的說明。法稱對於自己的先師陳那並未作出明確的批判，而是批判接續陳那的自在軍（Īśvarasena）的解釋，同時說明陳那「真意」的體裁。這種表面上堅守傳統、實際上卻抽梁換柱的技術，將自己的論證與對其他說法的批判巧妙地融入其中，正是身為「註釋者」的一流哲學家所展現出的高超手段。同樣的情況也出現在引出特異學說的後續註釋者智作慧身上。

在佛教邏輯學和知識論方面，值得注意的是，這些學者一方面站在經量部的立場，認可世俗中外界對象的實在性；另一方面，則在某些情況下站在唯識的立場，否定外界對象的實在性。鳩摩利羅曾批判這種機會主義。佛教邏輯學者的真正心聲是，如果推論在世俗中也能「毫無分歧」，那該多好。對他們而言，推論作為概念知，並不等於在「真」的意義上是正確的。推論知本質上無法透過對象成立。因此，在這層意義上，它是一種本質性的錯誤，只是世間為了讓功能順利運作而認為的「正確認識手段」。陳那意識到這一點的極限，所以不追究其使用是否正確，而僅僅表明態度，選擇隨順世間而行。雖然陳那與法稱在注意與唯識說的整合性時，基本上仍然立足於經量部來結合知識論，但智作慧則強調唯識的立場，重新詮釋知識論。

在唯識的認識一元論下，成立於外界的火與煙的因果關係，其實是不成立的。或者說，它只是一瞬生滅、出於自身光輝的認識而已。

真理論與反證的可能性

陳那確立遍充關係的方法，立足於本質上的無知覺和無經驗，也就是「未曾看見反例（迄今為止未曾看見）」。他認為「看不見就等於不存在」，並主張「如果用什麼認識手段都無法經驗，那這樣的對象就不存在」。這種態度在法稱徹底提出批判之前，是印度哲學中普遍的見解。鳩摩利羅舉出第六種認識手段：「除了其他五種肯定認識手段之外的無」，認為如果缺乏知覺、推論、證言等肯定的證據，那麼這個對象（例如應該在地面上的壺）就應被認識為無。他對於認識的真實性也持相同的態度；基本上，他的立場是「如果認識不構成問題，那麼這種認識就是正確的」。

首先，鳩摩利羅認為「絕對真」的吠陀聖典是常住的，而且是不存在作者的非人為文本。因此，像正理論派那樣積極證明「因為吠陀是值得信賴者（主宰神）的著作，所以它必然正確」的方法，從一開始就被他摒棄了。他認為，言語和認識的真實性（正確性）應該從「究竟是基於其他的事物，還是並非如此」這一基本問題出發。當視覺原因誕生出眼識時，眼識的真正性格同時也被結合進去，而為了真而附加的原因（例如眼睛狀況良好）則是不必要的；這就是在本體論意義上的「自律之真」。當認識產生的時候，所謂「真」的原則性格已經賦予了它。然而，這樣的原則性格會因為眼睛出現黃疸或白內障等問題而例外地受到影響。

即使從知識論的角度來看，真也是自律的，而不依賴於他者。鳩摩利羅指出，如果認識（A）的正確性必須透過認識（B）來加以確認，那麼認識（B）的正確性又必須透過認識（C）來確認，這樣就會陷入無限迴圈之中；簡單來說，他指出了基礎依存主義所面臨的過失。此外，如果認識（C）本身被認為是自律的正確，那麼為什麼認識（A）不被視為是不證自明的正確呢？鳩摩利羅這樣詢問道。結果，依賴他律之真的立論者也不得不承認存在某種「自律之真」的認識。

就像這樣，鳩摩利羅指出「抱持他律之真的立場來檢證，會產生無限迴圈的過失」，來確立「所有認識都是自律的正確」（不需要其他事物來確證）這一立場。然而，這是在認識中看不出問題的情況下得出的結論——例如，認識原因的問題被忽略，或是在後續認識中消除了先行的認識。在這兩種例外問題未被發現的情況下，認識在原則上都是「自為正確」，這就是他的主張。

「否認儘管沒有實際產生的先行認識，而且因對認識無知而抱持空想的人，會陷入對一切運作抱持懷疑的破滅境地。」鳩摩利羅從實用的立場，對反證可能性的杞人憂天持有戒慎的態度。他認為，對反證可能性的懷疑應在三次之內獲得終結；鳩摩利羅以裁決做比喻，認為經過三個階段後，應該塵埃落定。

相對於此，法稱則指出，「即使在迄今為止的人生中都看不見反證，也不代表『反證或許存在』的懷疑會因此消失。」他對「反證可能性的疑慮會煙消雲散」這一說法提出了銳利的反駁。如果鳩摩利羅立基於經驗主義的立場，那麼他就難以避免法稱的批判。對鳩摩利羅而言，非現實反證的空想是惡劣且令人憂心的，但對法稱來說，這反而是睿智的印證。

錯誤論的適用範圍

依循唯識所謂三性說的體系，陳那認為認識具有三個階段：（一）具有勝義的直觀（例如能夠掌握一切的無常、苦、無我），這是瑜伽行者的知覺；（二）掌握因果實在瞬間個物的知覺（無分別知）；（三）對假設被認為「有」的事物之概念認識（有分別知）。由於有分別會導致本質上的錯誤（無法通達對象），因此最後的認識又可細分為三項：（三A）依據過去經驗的推論與想起；（三B）靠著知覺的後續，對「壺」、「牛」等一般相進行概念掌握的世俗性認識；（三C）將繩子錯認為蛇的錯覺及夢境等錯誤。相對於婆羅門教各派認為無分別知覺的後續（即有分別的認識，如三B）也屬於知覺的一部分，佛教並不採納這一觀點。此外，該分類對於不含分別的錯覺（如飛蚊症）難以妥善處理，因此作為註釋者的法稱特別為知覺增添了「離分別」與「無錯誤」的條件。至於「空華」或「兔角」等被視為絕對無、在現實認識中完全不產生影像的事物，也適用這類情況的例證。

將認識手段侷限於知覺與推論兩者的佛教知識論，其主題主要集中在（二）與（三A）。然而，從陳那的著作中可以發現，他細緻處理了廣範圍的主題。當把繩子錯看成蛇時，蛇屬於三C的層次，但被認定存在於世間的則是三B的繩子。然而，從阿毘達磨的要素還原論來看，作為個物實在的繩子，其構成要素只能算作（二）；而從唯識的觀點來看，只有認識（一）才是真實存在的。

唯識說認為以夢等的錯誤知（即三C）為例，正暴露出包含知覺的凡夫之認識（二、三A、三B）全是錯誤的。「所有的認識都欠缺對象（無所緣）；因為是認識，所以就像夢一樣。」這種佛教的論證方式受到鳩摩利羅的批判。鳩摩利羅主張，持有形象並不等同於對外界對象的真正認識。他對「從與外界對象相似的形象投射到認識之內」的經量部觀點，以及「透過先行經驗留存的潛在印象（記憶）在認識中生成形象」的唯識說，都持批判態度。

立於一元論上的神學與唯識說認為，「世間一般認為正確的知覺與推論」這種凡夫的認識，本質上是錯誤的，而夢與錯覺正暴露了這一點。聖典解釋學者曼達那彌濕羅在《錯誤辨別》中整理了各學派的說法，探討錯覺（例如將閃閃發光的珍珠貝誤認為「銀」）究竟顯現了什麼。佛教內的有形象知識論（真實形象論）主張，認識會以銀的樣子顯現出來；而認識形象被賦予銀性，則代表認識是錯誤的。另一方面，無形象知識論（虛偽形象論）則認為，認識中顯現的銀只是單純的虛構。他們拒絕承認在認識形象上存在負載著銀性的構造。與夢中出現的對象相似，銀的顯現並不需要任何基礎，儘管如此，它仍然是「非有」的。結果，他們質疑道，「這與兔角等絕對無的差異又在哪裡？」

另一方面，相信認識不可能無所依據、一定存在某種對應物的婆羅門教各派，強調「即使是錯誤的認識，也有其對應的實在」。彌曼差・普拉巴卡拉派認為，珍珠貝的知覺與銀的聯想並無本質區別，僅僅是將它們混淆了。而彌曼差・鳩摩利羅派與正理論派則主張，過去經驗中銀的形象透過技藝，以不同的形式顯現在珍珠貝上，只是場所和時間的組合有所不同而已。他們認為銀本身並非虛構，而是曾在某處經驗過的事物。鳩摩利羅認為，作夢並不等於否定外界對象，而是與某種外界對象的對應，儘管其場所和時間存在差異。曼達那彌濕羅的見解則是，個體無法斷定幻影的存在與否；這一說法對其後的神學發展產生了深遠影響。

延伸閱讀

早島鏡正等，《印度思想史》（東京大學出版會，一九八二年）——從吠陀到新吠陀哲學，對這兩千年間印度思想的概觀。

平川彰等編，《講座・大乘佛教9知識論與邏輯學》（春秋社，一九八四年）——對佛教邏輯學、知識論的要領彙整得相當好，其中各種論考也很貴重。

桂紹隆等編，《叢書大乘佛教9知識論與邏輯學》（春秋社，二〇一二年）——上述講座的後繼系列，補上了之後的研究進展。

梶山雄一，《梶山雄一著作集7知識論與邏輯學》（春秋社，二〇一三年）——佛教學大家梶山雄一，在知識論、邏輯學方面相關論考的彙整。

赤松明彥譯註，《古典印度的語言哲學（1、2）》（平凡社，一九九八年）——文法學者伐致呵利的主要著作《文章單語篇》的日譯本。當中富含哲學的啟示，也充滿了各式各樣的理念。

CHAPTER

ten

第十章

日本密教的世界觀

阿部龍一

日本密教の世界観

一、緒論——從寓言到哲學史

展現密教起源的傳承

在釋迦牟尼佛入滅數世紀後，印度出現了龍猛菩薩（龍樹菩薩在密教中的異稱）這位偉大的宗教家。龍猛樹立了中觀哲學，也修正錯誤的佛教解釋，並將大乘佛教帶入了興盛之路。然而，他仍未能得遇直接揭示佛教覺悟本質的至上教誨，因此每日每夜都在吟唱宇宙如來（法身佛）的真言，祈求佛的加護。某天，他前往南印度的一座巨大鐵塔巡禮；忽然間，法身毘盧遮那如來與無數分身的佛菩薩一同出現在天空中，對龍猛闡述密教的教誨。每當一句話從如來口中發出，便會化作金色閃耀的文字，將虛空整個掩蓋，轉化為經典。龍猛急忙把天空中龐大的經典抄寫下來；他根據經典的教誨，繞著大塔不斷為法身佛念誦。

經過七天後，鐵塔敞開，迎接龍猛進入。塔的內部就像天空中經典所描述的一樣，是無限寬廣的法身佛之法界心殿，也就是宇宙的宮殿。充滿這座王宮的時間不會流逝，只有不斷累積的永恆現在，那被稱為「如來之日」的時間。在這座大塔的內部、王宮中，無限且永恆的時空就是覺悟的真實。在這座塔中，可以習得法身佛教誨的密教禪定法，並獲得與法身佛等同的覺悟境地。為了得到這種禪定的禮儀實踐法，與天空經典中的記述彼此相通。體會到這種法之後，龍猛走出大塔，回到人間世界（空海，〈祕密曼荼羅教付法傳〉卷一、卷二）。

鐵塔所象徵的事物——寓言（非歷史）與哲學史的結合

這是首次正式將密教傳入日本的空海，他在大唐帝國首都長安的青龍寺，跟隨導師惠果阿闍梨學習密教期間，承襲了密教歷史起源的傳承。據空海所言，支持他所信奉的密教傳統的兩部重要經典——《大日經》（大悲胎藏曼荼羅的基本經典）與《金剛頂經》（金剛界曼荼羅的基本經典），都是龍猛從大塔上空出現的神聖文字所抄寫而成；而這些經典中記載的修行法則，是龍猛在塔內的法界宮這個不可思議的時空中修得的。由此開始，密教於世間普及。

從「巨大鐵塔內部有著無限時空」的角度來看，這項傳承的意義顯然不能被當成歷史事實來理解。因此，我們可以說，這個傳承其實是一段優美的「寓言」——比起具體的史實，更加接近於展現普遍象徵的譬喻故事。佛教普遍認為，塔是佛陀身體的象徵；在塔中安置舍利（釋迦如來身體的聖遺物）的傳統，也是基於這種象徵性。對於法身佛而言，他的身體就是整個宇宙。根據這一理念，我們可以簡要地說，龍猛的鐵塔象徵著思想的基礎，而塔的內部與外部，或者說法身如來身體的內部（法界宮）與外部（全宇宙），都是均等地透過密教的言語而成立的。

全宇宙是至高的經典，世界的森羅萬象都可以作為這些經典的文字來閱讀，這是密教世界觀的集中體現。在空海生活的時代，印度、錫蘭、中亞、印度支那諸國、爪哇和中國的文化逐漸傳播到日本，這些廣泛地區的文化逐漸融合，展現出多樣化的密教傳統，而在這些傳承的根基上，共享著相同的思想。

二、空海生活的時代與社會——文章經國的時代

從「世界哲學史」立場看空海的密教

不僅將密教思想引入日本，還成功將其深深融入文化底蘊，並對遙遠的後世持續產生重大影響的人，正是空海（七七四－八三五）。他以「弘法大師」的身分，超過一千五百年間作為日本代表性的宗教偶像，大概只有聖德太子（五七四－六二二）能與他的受歡迎程度相匹敵。空海之所以能長久主宰，是因為他成功地將密教獨特的世界觀視為提升當時日本社會所必需的要素，並加以引入。

空海所處的時代，正是平安時代初期，當時仍然瀰漫著濃厚的奈良時代色彩，平安京遷都（七九四）不久。當時，儒教占據了絕對優勢，朝廷將儒教作為政治意識形態的重要支柱，並透過律令法體系在實際的國政運作中加以運用。空海則以密教與當時霸權思想的儒教對峙；然而，他並非全然否定儒教，而是將其融入密教之中，從而構建出一套新的思想秩序。在空海逝世後約一世紀，朝廷的主要禮儀儀式已經被以密教為核心的佛教所主導，天皇的詔書也從原本以儒教的天子觀念為主的言論，轉變為以佛教轉輪聖王的價值觀為核心的敘述，這種轉變可以

說是十分巨大。空海所描繪的由佛教主導的秩序，最終在中世紀的整個時期實現，成為朝廷和幕府政治的根基。

當我們從「世界哲學史」的視角來看待空海作為思想家的時候，他最令人驚嘆的偉大成就，莫過於他不僅提出了東亞全境首個「以佛教為主、儒教為輔」的構想，還成功在平安初期的朝廷實現了這一構想。空海之所以能夠實現這一目標，是因為他的密教世界觀在語言和禮儀方面展現出比儒教更為精緻的理論。長期以來，人們多從宗派立場出發，將空海視為創立真言宗的日本宗派開創者，然而這種觀點過於狹隘，而且與空海並無宗派開基意圖的史實相悖（參考阿部龍一，《空海文本的重新建構》）。鑒於如今宗派佛教依附於葬禮佛教而勉強存續的退潮現象，這樣的評價不僅顯得過時，還忽略了空海真正的價值。

儒教占優勢的文章經國時代

空海所處的時代，簡單來說，就是一個「文章經國」的時代。那是隋唐在政治、文藝、宗教等社會各領域影響最為深遠的時期。與空海交情深厚的宮廷人士小野岑守（七七八－八三〇）在其監修的《凌雲集》（八一四年成書）的序文中引用了魏文帝曹丕的一句名言：「文章乃經國之大業，不朽之盛事」，來闡明編輯這部御製詩文集的意圖。他想表達的觀點是，撰寫優雅的文章是「經國」——也就是國家治理與運營——所不可或缺的行為，而撰寫經典之作則是使作者在歷史上不朽的卓越成就。

這裡所說的「文章」，主要指的是以《論語》、《大學》、《中庸》以及五經（《詩經》、《書經》、《易經》、《禮記》、《春秋》）為核心的儒教經典，並且包括這些經典的註釋書籍，還有涵蓋中國歷代王朝史等知識的「漢籍」。對於平安時代的宮廷人士來說，這意味著使用外國語——即漢文來撰寫文章。為了起草詔書、法令以維持國家秩序，以及編撰王朝史以正統化統治者的權力，因此對朝廷官僚而言，首先要求的是他們必須兼具優秀的文人素養。

這種「經國」的傾向不僅體現在支撐官僚體系的文章撰寫上，也廣泛滲透至文學作品，尤其是在宮廷之中。宮廷人士往往被要求成為著名的漢詩作家，這並非偶然。當時的天皇經常在朝廷召開詩宴，其背後正是儒教的影響。儒教認為，天子應展示出卓越的德行，並將這種德行傳播於天下，而臣下代表的百姓則應以忠誠回報天子的恩德，這樣才能維持世界的秩序。在詩宴上，天皇首先作詩，宮廷人士隨後發表詩作，接著臣下們依次獻詩應和，這便是所謂的「應制唱和」。天皇藉由詩作來表達自己的「德」，而臣下則以詩回應，以示「忠」。這種詩宴的共同創作形式，正是儒教理想中的仁政典範：天子以德治國，德行擴及天下，而臣民因此忠誠孝順，天下因此大治。王宮被視為透過「禮」（禮儀）實現君臣之間理想關係的空間，並進而成為整個社會規範的中心。在王宮中進行詩作的交換，形成德與忠的良性循環，這是天子德治的具體體現——天子將德行傳遍天下，讓百姓受到德行的感化，從而實現社會的安定與治理。

這個時代以《凌雲集》為首，包括《文華秀麗集》（八一八年成書）、《經國集》（八二七年成書）等御製漢詩集相繼完成。之所以如此，是因為當時的人們認為撰寫優秀文章的能力具有實際的治國價值。對宮廷人士而言，自己的作品能夠被天皇命令編入漢詩文集，正是足以證明其具備「經國」才能——也就是肩負國政運作重任的優秀官吏。

大學作為經國機構的重要性

空海所處的「經國時代」，同時也是律令國家最高學府「大學」的鼎盛期。由朝廷式部省下的大學寮所管理的「大學」，不僅是培養朝廷精英官僚的重要機構，也是專門研究以儒教為核心的「漢學」——即中國思想、政治、法制、歷史、文化等學問的研究中心。「大學」的興盛有其歷史背景。在奈良時代中期，以聖武天皇和光明皇后為代表，推動了東大寺的創建和「一切經」（即大藏經）的抄寫等國家事業。在這種重視佛教的政策下，像玄昉（？－七四六）等有權勢的僧侶開始涉足政界。聖武天皇的女兒稱德天皇（七六四－七七〇在位）在位期間出家為尼，並寵愛政治僧侶道鏡（七〇〇－七七二），任命他以僧侶身分擔任太政大臣禪師，僧侶涉足政治遂成為公開的事實。這些僧侶勢力威脅了以儒教為基礎的貴族官僚體系，進一步加劇了律令體制的扭曲與崩壞。因此，隨後的「經國時代」便極力強調儒教的世界觀、價值觀及政治思想，成為朝廷竭力封鎖佛教勢力、企圖重建律令體制的時代。

眾所周知，桓武天皇決定將都城遷至遠離奈良的平安京，最主要的原因就是為了排除奈良大寺院對政治的干涉。同時，天皇將儒教註釋書中統治意識形態特別強烈的《公羊傳》和《穀梁傳》列為大學的正式教材，並利用大學出身的官僚來統治蝦夷及推進遷都，從而強化中央集權，並將其作為鞏固自身政權的前衛力量。平城天皇規定，五位以上中央貴族的子弟必須進入大學，接受儒教教育。嵯峨天皇（八〇九－八二三年在位）也曾說：「經國治家，莫善於文；立身揚名，莫尚於學」，進一步強化了重視大學的政策（《日本後紀》，弘仁三年五月二十一日）。

當時進入大學就讀的貴族子弟，通常首先會在明經道（儒教思想研究科）學習儒教的經典、註釋及基本思想，接著還會在紀傳道（歷史與詩文研究科）學習中國歷代王朝的歷史以及名文的編纂方式。除此之外，還有些人在明法道學習律令中的「格」（律令的修正條目）與「式」（追加條目）。

空海進大學學習，在哲學史上的意義

「經國時代」大學教育的一大特徵，就是即使是出身較低或勢力較弱的貴族子弟，只要學問出眾，依然可以開拓一條出人頭地的道路。空海終身的好友，也是大學時代的同學小野岑守，便受到了嵯峨天皇與淳和天皇（八二三－八三三年在位）的重用，憑藉參議從四位下的身分在朝中擔任要職。他的兒子——以漢詩名聞遐邇的小野篁（八〇二－八五三），以及與空海一同從唐朝留學歸國、以書法著名的橘逸勢（七八二－八四四），都是當時大學出身的傑出代表。

在中國，從有力貴族出身的傳統轉變為以科舉（以儒教教育為核心的國家考試）成績來決定官僚的晉升，直到宋代（日本平安時代後期至鎌倉初期）才徹底實現。因此，這個即便不屬於藤原氏等有力貴族，只要具備卓越學問便能出頭的時代，堪稱在東亞儒教學術中心主義的實現上，走在了最前沿。然而，以橘逸勢為首的優秀官僚，卻在承和之變（八四二）中因被懷疑參與謀反而遭到排擠，從此藤原北家貴族掌控政壇。相較於學問的優劣，出身和家世再度成為最重要的標準，作為官員培養機構的大學也開始走向衰落，而經國時代由此步入終結。

讚岐（今香川縣）豪族出身的空海能夠獲准進入大學就讀，並在修習佛教之前深入學習以儒教為核心的漢學，這正是經國時代所特有的幸運之事。

自聖德太子時代以來，儒教與佛教共同被賦予國教性質，為大和朝廷的國家統一作出了貢獻。然而，如何緩解兩者的對立，並促進共存，這樣的思想架構自平安遷都以來卻未曾形成。空海從佛教徒的立場出發，挑戰了這一難題。他將此前傳入日本的佛教中所缺乏的佛教語言理論納入密教，並以批判的態度融合儒教的核心理論，最終實現了佛教與儒教的共存。

三、文章經國的「正名」理論與空海的密教世界觀

作為「經國時代」代表人物的空海

空海是經由文章的力量，開拓自己前進道路的人物。當時，遣唐使藤原葛野麿（七五五－八一八）所乘的船隻大幅偏離預定入境地點，漂流至中國南部的福州，空海代替大使撰寫登陸許可申請書，最終獲得入境許可。福州的行政當局最初只允許大使及少數隨行人員進入首都長安，未獲准的空海隨後向福州長官上書，終於得以進入大唐長安的名剎青龍寺，向惠果和尚親自學習密教的正統思想，並將其帶回日本（《遍照發揮性靈集》卷五，以下簡稱《性靈集》）。空海的漢文文筆在大唐帝國的環境中也能流暢應用，顯示出他出色的文字能力。

從長安留學回國後不久，空海憑藉其出眾的文才，以及對唐朝詩文和文物的豐富知識，迅速獲得宮廷文人的認可，包括嵯峨天皇在內，並與他們建立了熱烈的交往。天子、皇族、公卿以及高僧等，經常請求他代為撰寫詔令、外交文件、書簡、講義錄、典禮文等（《性靈集》卷四至卷十等）。不僅如此，嵯峨天皇還任命空海在相當於現代內閣官房的中務省任職（《高野雜筆集》上卷）。天皇的計畫是希望透過讓空海在宮廷中樞負責撰寫官方文件，實際上充當貴族官僚的文筆指導，藉此提升他們的寫作能力。

在這一時期，空海為當時的文人撰寫了一本匯集中國傳統音韻學、修辭法等各種詩論的

《文鏡祕府論》（約成書於八二〇年）。這本書被後來的京極為兼（一二五四－一三三二）、松尾芭蕉（一六四四－一六九四）等人推崇並熟讀，堪稱漢文學的寶庫，對於貫穿中世紀、近世的歌論、能樂、俳諧等各種文藝形式的發展，提供了巨大的助力。大學出身的精英官僚、並自仁明天皇朝廷以來歷任要職的公卿滋野貞主（七八五－八五二），是《經國集》的主編；他在該集中特別收錄了空海多達八篇的詩作。從空海在平安初期朝廷中主導漢詩漢文創作的地位來看，這無疑是理所當然的。空海不僅精通儒學與詩文，能自如使用唐語進行對話，在書法方面更是天賦異稟，他無疑是文章經國時代的寵兒。

超越時代制約的空海密教世界觀

然而，對於敬愛空海文采的宮廷人士來說，空海始終是一個帶著某種神祕不可解色彩的存在。空海多次放棄天皇賦予的責任和義務，以及宮廷中的重要儀式，前往高雄山寺（神護寺）和高野山隱居，隨著月亮的盈虧，在特定時期專注於密教修行。一旦他進入禪定修行的狀態，也就是所謂的「限禪關」（向佛菩薩立誓，進行禪定修行的關鍵時期），無論首都如何提出請求或催促，他都一概置之不理。

對於當時那些將文章才能獲得認可、並能參與國政視為至高榮耀的宮廷文人而言，空海這種重視佛道修行的態度，幾乎被視為對天皇的不敬與不忠。原本是桓武天皇之子，但後來被降為臣籍，並在嵯峨天皇與淳和天皇的朝廷中以良吏身分活躍的參議良岑安世（七八五－八三〇），雖然支持空海的密教事業，但對於空海一再選擇隱居的行為，仍以一首雜言詩予以嚴厲批判：

山中有何樂，遂爾永忘歸。
一祕典、百衲衣，雨濕雲沾與塵飛。
徒飢徒死有何益，何師此事以為非。

從安世的角度來看，空海不顧王宮的榮耀，帶著一卷密教經典忍受風吹雨淋，隱居於荒涼的山林深處，這完全是無益的舉動。經典受山中濕氣損壞，法衣也破爛不堪，像是千百片破布，乾燥時甚至會像塵土一樣四散；而空海卻將這樣的修行視為無上的喜悅，埋首其中，甚至忘記返回首都，最終可能因飢餓而死。安世認為，無論是儒教還是佛教，任何派別的師傅看到這種行為，恐怕都無法認同吧！他如此批評空海的修行癖好，而空海也以雜言體的詩作回應了他的批判（《性靈集》卷一）：

無家無國離鄉屬，非子非臣子安貧。

澗水一抔朝支命，山霞一咽夕穀神。
懸蘿細草堪覆體，荊葉杉皮是我茵。
有意天公紺幕垂，龍王篤信白帳陳。
山鳥時來歌一奏，山猿輕跳技絕倫。
春華秋菊笑向我，曉月朝風洗情塵。

空海透過這首詩，反擊了安世等當時精英文人官僚所依據的經國思想核心——「正名」理論。他藉此表達，自己所依據的密教思想，遠比文章經國的世界觀更加廣闊，並且能將其包容其中，甚至為其提供支撐。

正名理論與其極限

在《論語》第十三篇中，孔子的弟子子路問老師：「如果衛國的國君邀請您擔任顧問，並將國政託付給您，您會從哪裡開始改善國家呢？」孔子回答道：「我一定會從正名開始！」然而，子路並不理解老師的意圖，反而回嘴說：「老師，您明明是要治理國家，為什麼要先談什麼端正名號，這未免繞得太遠了吧？」孔子一聽，便斥責了子路一頓，並進一步解釋：「如果名號不端正，沒有人會遵從為政者的命令；沒有人遵從命令，事情就無法順利推行；事情辦不成，禮樂就無法實施；禮樂無法實施，刑罰也就無法準確運作；刑罰無法準確，民眾就會陷入混亂和無措。」

孔子的這番話，是對儒家根本理念中關於言語的最清晰見解與論述。他強調，言語與萬物的對應關係，是上古聖人依循正道所確立的；而這種正確用法則蘊含在以五經為首的儒教經典中。一旦言語的使用變得混亂，言語與事物的對應便會失效，最終導致社會秩序崩潰、文明衰敗。孔子極為重視周朝的禮樂制度，視其為中國歷代王朝的黃金時代。他認為，周朝宮廷中的禮儀、舞蹈、詩歌和音樂等都是聖典，而這些聖典所傳承的語言，則是保持萬物正確關係的「時光膠囊」。透過實踐禮樂，就能達到「正名」的效果，即重新確認言語與萬物之間的正當對應關係。因此，透過「正名」便能找回理想的社會秩序。如果名不正，從國王的詔令開始，所有包括律、令在內的法律語言都無法具備維持社會秩序的正確性，而人們也會失去遵循社會規則的基礎，變得無所適從，不知該如何行事——這正是孔子的論述核心。

在《論語》第十二篇〈顏淵〉中，當齊景公詢問「理想的政治應該是什麼」時，孔子回答道：「君君、臣臣、父父、子子。」齊景公聽後，稱讚孔子道：「說得真好。如果國王不像國王、臣下不像臣下、父親不像父親、兒子不像兒子，那麼即便國家的食糧再充足，人民又怎麼能過上和平的日子呢？」

文章經國時代是以「正名」理論為核心，將儒教的言語視為規範社會關係的正當標準，受言語實用主義支配的時代。然而，儒教的言語功利主義往往輕易承認既有的階級、上下關係、權力與制度，這種做法確實隱含著危險。比如，即便身為有教養的良吏在朝廷中活躍，如果個人最能發揮創造性的詩文撰寫淪為諂媚權力的手段，那麼宮廷生活就會失去活力和創造性。

汲汲於官職、官位的升降，僅為此而磨練詩文才能，這正是本末倒置的可笑行為。在這個時代，像「和歌」與「物語」這類與經國目的無直接關係的文筆創作被棄置一旁，似乎也是理所當然的事。文學家稱此時代為「國風文學的黑暗時代」。隱藏在經國思想與儒教人文主義背後的，是對包括文學在內的言語創作所施加的嚴格管制。

相較於孔子對景公所說的「君君、臣臣、父父、子子」，空海則在雜言詩中表達：「無家無國離鄉屬，非子非臣」。身為出家者的他，本就是要從對特定家族和國家的忠誠、以及出身地和豪族的束縛中獲得自由，也就是從「正名」的秩序中解放自己。他到山林中修行，正是為了取回自己本來的樣態。在那裡，山澗的流水與充滿霧靄的空氣，比起宮廷中精美的料理和良藥，更能滋養他的「體」與「神」（精神、心靈）。以山中的植物為衣物和床鋪，把蒼穹與浮雲視作比王宮更舒適的天花板與綢帳，這樣的生活更能包容他的存在。鳥獸的嬉戲與鳴唱，比起宮廷中的詩宴和樂伎，更具自然的美與自由，其生命力更令空海尊敬；它們展現的是一種令人喜悅的禮樂理想，這讓他感到無比欣喜。透過這種方式，空海對良岑安世的批評作出了有力的反駁。

以密教世界觀跨越正名理論

在空海看來，他禪定修行的山野與大自然，才是真正至高無上的王宮，這正是被稱為「法界宮」的法身佛的宇宙宮殿。與之相比，首都和天皇宮廷的榮華，只不過是小小造景中的自我滿足罷了。

無時無刻在變化的光與風，還有隨之不斷變換的山麓紋理、樹木枝葉、谷間迴響的溪流與風聲，這一切不停變化的現象，展現了佛教空性的教義。空海在禪定體驗中，將所有這些聲音視作法界宮中法身如來闡述至高教義的聲音，並仔細聆聽。同樣地，他也將眼前的一切事物視作記載法身佛教誨的經典來閱讀，追求在開悟精神中獲得身心的自由。這種宇宙的經典，是儒教的正名文本無法掌握的，廣大又微細的事物。要真正掌握這些在儒教經典中無法名狀的變化，我們必須採取一種經常變換的書寫方式——即透過展現變化或差異，來顯示空性——這種動態且開放的文本。

在題為〈遊山慕仙詩〉的五言詩中，空海以數行詩句生動地展現了作為至高經典的世界形象：

山毫點溟墨。乾坤經籍箱。
萬象含一點，六塵閱縑緗。

法身佛以大山脈為筆、以大海為墨池，在遊戲間不斷書寫著無邊無際的書卷，天與地則是承載這無始無終書籍的經箱。每一筆一畫都映照出萬物眾象，由此描繪出的各種事物，它們的色、香、聲、味、觸、念（六塵），宛如生動點綴著書卷內外的封面。當空海在大自然中修行時，他感受到世界的一切事物化為文字，向他傾訴。這世界本身便是最極致的佛教經典，環繞在他身邊，融入其中，便能體會到法喜與無盡的悅樂。

空海的詩想正是從這種禪定體驗中孕育而生。因此，對他而言，文筆應當轉向大自然的廣闊悠遠，仿效並從中學習。從大地、天空、大氣中獲得的詩想，可以輕易超越「經國時代」所規範的「洗鍊」文章界限，激發出一種創造力。當他以自然界的無窮變化、超越人智的力量以及充滿宇宙的聲響運筆創作時，作品便蘊含著撼動「正名」理論及其所支撐的制度與體制的變革之力。這個被稱為經國的時代，的確孕育了空海這樣一位文筆天才。然而，對他來說，文字與文本的編織，僅僅是通向無限宇宙的入口而已。

四、空海密教的言語論世界

真言的理論（1）（作為全宇宙的文本）

空海指出，密教的根本經典《大日經》，記載了法身佛的教誨，實際上有三個不同的版本：第一個是作為永恆自然法爾、即永遠宇宙本身的《大日經》；第二個是龍猛菩薩從南印度鐵塔上空抄寫下來，由十萬頌（詩連）構成的廣本；第三個是由中唐善無畏三藏譯成漢文，並由空海帶入日本的七卷小本。然而，這七卷小本並非僅是廣本的簡略版本，而是將作為宇宙本身的經典文本，以及廣本文本的內容，毫無保留地加以濃縮，從一個文字中生發出無數的意義。這種文字形式，被空海稱為「真言」。

那麼，為什麼可以拿在手中閱讀的文字，能夠產生出無限的意義呢？對此，空海根據《大日經》予以解釋：「那是因為，真言是闡明一般言語形成原初過程的特殊語言。」（等正覺真言，言名成立相）當支持生命的呼吸與大氣接觸、產生聲音時，這個聲音就帶有了反映意識運作的意義，從最初類似動物叫吼的聲音，轉變成具備語義的聲音。當這些聲音的形態固定下來，形成了「文」的形式，並且經常指涉特定的事物時，這些聲音就演變成為名字和文字，而被指涉的事物最終也成為在意識中被具體認識到的存在。換句話說，原始時代的人類或新生兒，正是在這種原初混沌的狀態下，透過意識逐步習得某種文化的語言，進而發展出辨別語言（言別）的智能，同時也將支撐生物生存的環境轉化為辨別事物（事別）的文化空間。（《聲字實相義》）

關於這一點，我們不妨以「風」相關的漢字——凪（Nagi）、凩（Kogarashi）、颪（Oroshi）為例來清楚理解。在其他語言文化圈中，這些大氣運動可能沒有明顯區別，但在日語中，這些風的形態彷彿本來就是自然的一部分，被賦予了特定的意識，並且經常在詩文中用來表現季節變化，或作為作者情感的投射。

換句話說，言語與事物的關係，並不像儒教的正名理論所描述的那樣僅僅是為原本存在的事物貼上一個「正確」的標籤這麼簡單。按照空海的觀點，言語與事物是同時發生，並在根本上結合在一起的。為了表達這一點，空海常常使用「差別」這個概念。差別，源自於文中的區分。所有視覺掌握到的事物，會在色彩（顯）、形體（形）、變化（表）這三個面向上，與感官和意識相互作用；透過比較各種不同的色彩、形狀和變化，我們透過它們的差異來識別形式（文），進而產生言語，並進一步使之實體化。

以「凪」為例，從「Nagi」這個語彙，我們會聯想到海洋、海濱等場所，清晨與傍晚等時間，乃至於「風」這個更大的範疇。也就是說，「凪」與許多「不屬於凪本身」的事物緊密結合在一起。要真正體驗到凪的感覺，必須經由波浪、海濱、岩岸、投射在這些事物上的光線，以及漂浮的霧靄等「非凪」的形式，讓凪這一實體得以突顯出來。換句話說，為了讓「凪」這個語彙被認定為凪並產生差異，就必須與「非凪」的事物產生關聯。隨後，從凪聯想到的每一個語彙，乃至這些語彙進一步聯想到的所有其他語彙，才能構成「凪」的完整概念。

換句話說，「凪」這個字所表現的言語，實際上反映了所有事物的連鎖。因此，空海認為，當我們閱讀「凪」這個字時，實際上包含了其他各種言語，也就是具備了「萬象含一點」

的真言機能。如此一來，當言語與事物都真言化時，無論是日常話語中所呈現的文本，還是空海帶入日本的《大日經》七卷小本，乃至於將所有事物化為文字的宇宙文本，都可以視作被書寫成真言、法身如來的至高經典來閱讀——這正是空海的主張。

真言的理論（２）（從A字的否定性誕生出的言語和物）

另一方面，空海也指出，所有的言語都源自梵語的第一個字母「阿」（Ａ），而這個「阿」在印歐語系中，是表示否定意義的通用接頭語。例如，「死（穆里塔）」的反語是「不死／不朽（阿穆里塔）」，「我（阿特曼）」的反語是「無我（阿納特曼）」。換句話說，阿字表達的是「一切皆非」或「差別」的音素，因此這個字成為宇宙法身佛所揭示的種子真言。密教的修行中，尤其在山野修行的禪定裡，修行者在出息入息之際會反覆詠唱「阿」字，這種「阿字觀」成為其基本修行法。在體悟到「阿字觀」之後，修行者能夠將各種言語和事物視為反映其他一切言語和事物的鏡子或寶珠，進而觀照整個世界（《吽字義》）。如果將這種「阿字」的禪定法視為超越單純的「儀式」，並在身心中時時保持它，修行者便能超越並克服狹隘的自我，並自然而然地從他者的愉悅中體會到無需努力的喜悅。因此，我們不必學習儒教中繁瑣的「禮、樂」等規矩。密教獨特的繪畫曼荼羅正是這種理想的呈現，展現出有生命的眾生彼此行利他之事，並在這個過程中成為佛菩薩而存在的世界景象。

五、總結——天皇王權的真言化

現代思想與空海，圍繞著差異的不同

我們可以察覺到，現代思想中的語言學和符號學，也就是索緒爾（Ferdinand de Saussure）、德希達、克莉絲蒂娃（Julia Kristeva）等人強調的「差異」理論，與空海將「差別」視為話語基礎的思考方式極為相似。不同之處在於，空海將這種差異性理解為佛教真理「空性」的表現方式，並將其定位為通往開悟的途徑。換句話說，無論是物（有形或無形客體）還是事（語言），如果都是透過「非此物」的差異積累來獲得實感，那麼我們便能斷開對一切事物的執著。

比如，「財富」、「名聲」、「權力」本質上都不具實體，而是由那些「非此之物」的反映所構成。因此，若是為了追求這些東西而使人生偏離正軌，便毫無價值。空海的目標是改革王宮，因此他並未全面否定「財富」、「名聲」、「權力」，而是將它們去中心化。他關心的是，擁有「財富」、「名聲」、「權力」的人如何能將這些東西轉化為有利於他者的手段，並且如何從以自我為中心的執著中解脫出來。作為解答，空海向宮廷人士傳授了真言密教的言語論。與良岑安世之間的詩賦往來，正是這一理念的典範例證。

真言、字音表記與假名文學的時代

在空海為淳和天皇代筆的願文中，他的意圖更加清楚地展現出來。八二七年大旱災時，天皇召開了大規模法會，召集一百名僧侶到宮廷詠唱《大般若經》。在這場王宮儀式中，天皇將祈雨的願文交由空海代筆。作為天皇親自誦讀的文章重點，空海準備了以下內容：「羅惹（梵語『王』之意）對經典中話語的意義無知，人民便會愛好貪欲與暴力，國家也會紊亂；儒教的三綱（親子、夫婦、兄弟關係）與五常（仁、義、禮、智、信）會廢弛，旱災與飢餓會興起，國土也會荒廢。（中略）故此，我會真摯遵從教誨，竭力實現一切規範。」（《性靈集》卷六）

在天皇作為宮廷官方儀式誦讀的文章中，為何空海刻意用梵語的字音來表記「王」這個詞呢？根據空海引用的經典（《守護國界主陀羅尼經》）所述，「羅惹」（Raja）的「ra」音，代表的是王為了獲取及維持王權，所犧牲的眾人發出的痛苦吶喊；而「ja」音則象徵王使用這種權力，讓人民獲得幸福的聲音。「王」這個字，實際上包含了王權最令人不快與最光輝的兩個面向。空海想告訴淳和天皇的是，若能透過深思這個詞彙中蘊含的無數意義，誠懇自省、拋棄我執、積極為他者行善治政，王便能實現理想的治國理念。

換句話說，空海希望天皇能超越回歸周代這個中國太古黃金時期的「正名」理論與復古主義，並且從自身權力的無限可能性中，找出最適合當時日本社會與時代、符合現實的德治之道，也就是將「王」這個語彙的意義與人的角色予以真言化。空海依循的，並非儒教五經這類固定化的聖典，而是與大自然的瞬息變化相應、屬於法身如來的宇宙文本。他並非否定儒教的理論，而是將其納入更廣大的密教思想中，嘗試開啟儒教與佛教相輔相成、共存發展的道路。

事實上，自淳和天皇時代以後，平安宮廷中以密教為中心的儀式迅速增加，朝廷成為儒教與佛教共存的空間。天皇首先被理解為遵守佛教戒律的佛教君王，即「轉輪聖王」，在此基礎上再作為儒教的天子推行德治。另一方面，受到表記真言的梵語表音文字的影響，假名作為表音文字誕生，「和歌」及「物語」逐漸壓過漢詩文，成為宮廷文藝的主流並盛極一時。這一時代標誌著從古代過渡到平安時期，並進一步邁向中世紀的大規模運動。經過數世紀後，「伊呂波歌」作為假名字母表被使用，同時也被視為展現佛教真理的和歌。正如「伊呂波歌」的作者被認為是空海，他作為這場巨大運動的起點人物，逐漸被傳說化為「弘法大師」。

延伸閱讀

關於空海的著作數量極多，但正式的研究幾乎都是沿襲十九世紀至二十世紀初期的宗派傳記及教理研究框架，如今已趨於停滯。在此背景下，我選出一些具有參考價值的作品，供讀者深入了解本章所述的空海世界觀與思想。

宮坂宥勝等編，《弘法大師空海全集》全八卷（筑摩書房，一九八三－八六）——包含了本章提及的作品，為空海著作與詩文的集大成，也加上了詳細的註解，以及現代語譯。只是在其中，誤讀與誤譯還是隨處可見。

井筒俊彥，《意識與本質：探索精神的東洋》（岩波書店，一九八三年）——這本書以伊斯蘭神祕主義為主軸，探討包括空海在內的東洋哲學傳統的現代意義。

羽毛田義人，〈真言祕密瑜伽〉（《現代密教講座》第四卷，大東出版社，一九七五年）——這本書以秀麗的文體點綴，明確地分析與解說空海密教的禪定世界。

久木幸男，《日本古代學校之研究》（玉川大學出版部，一九九〇年）——這是一本深入了解文章經國思想如何在空海生活的時代，對政治教育體制產生影響的優秀讀物。

阿部龍一，〈空海文本的重新建構：關於〈十住心論〉的歷史文脈及其現代性〉（《現代思想》二〇一八年十月臨時增刊號〈思考佛教〉）——此文試圖將空海的代表性著作從其入滅後數世紀所建立的宗派學架構中解放出來，重拾作者空海自身的視野，並探討其在現代的意義。

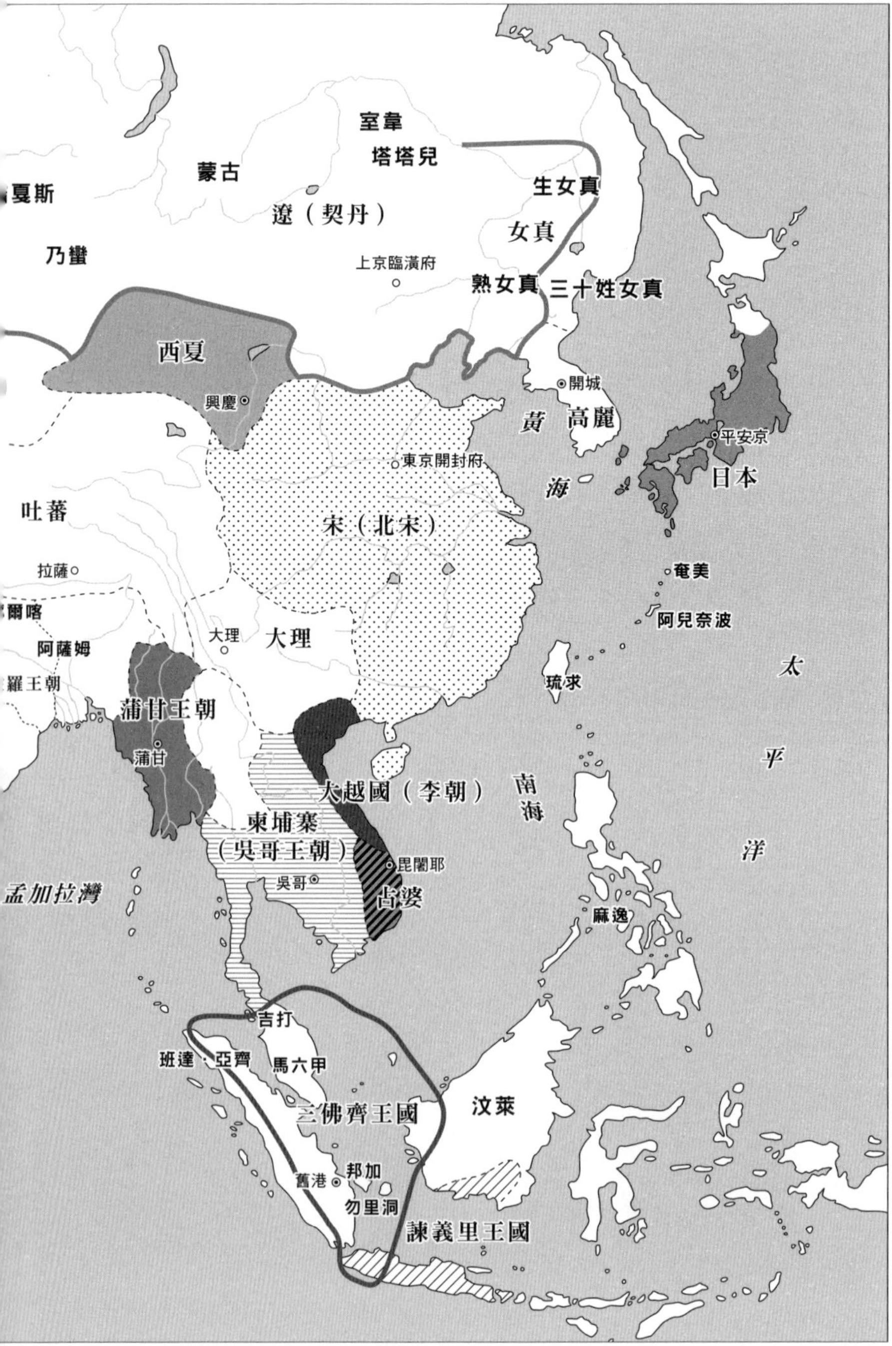

室韋
塔塔兒
蒙古
夏斯
生女真
遼（契丹）
女真
乃蠻
上京臨潢府
熟女真
三十姓女真
西夏
開城
興慶
黃
高麗
平安京
東京開封府
海
日本
吐蕃
宋（北宋）
拉薩
奄美
爾喀
阿兒奈波
大理
大理
阿薩姆
太
羅王朝
琉求
蒲甘王朝
蒲甘
平
南
大越國（李朝）
海
東埔寨
（吳哥王朝）
洋
昆闍耶
吳哥
占婆
孟加拉灣
麻逸
吉打
班達・亞齊
馬六甲
汶萊
三佛齊王國
邦加
舊港
勿里洞
諫義里王國

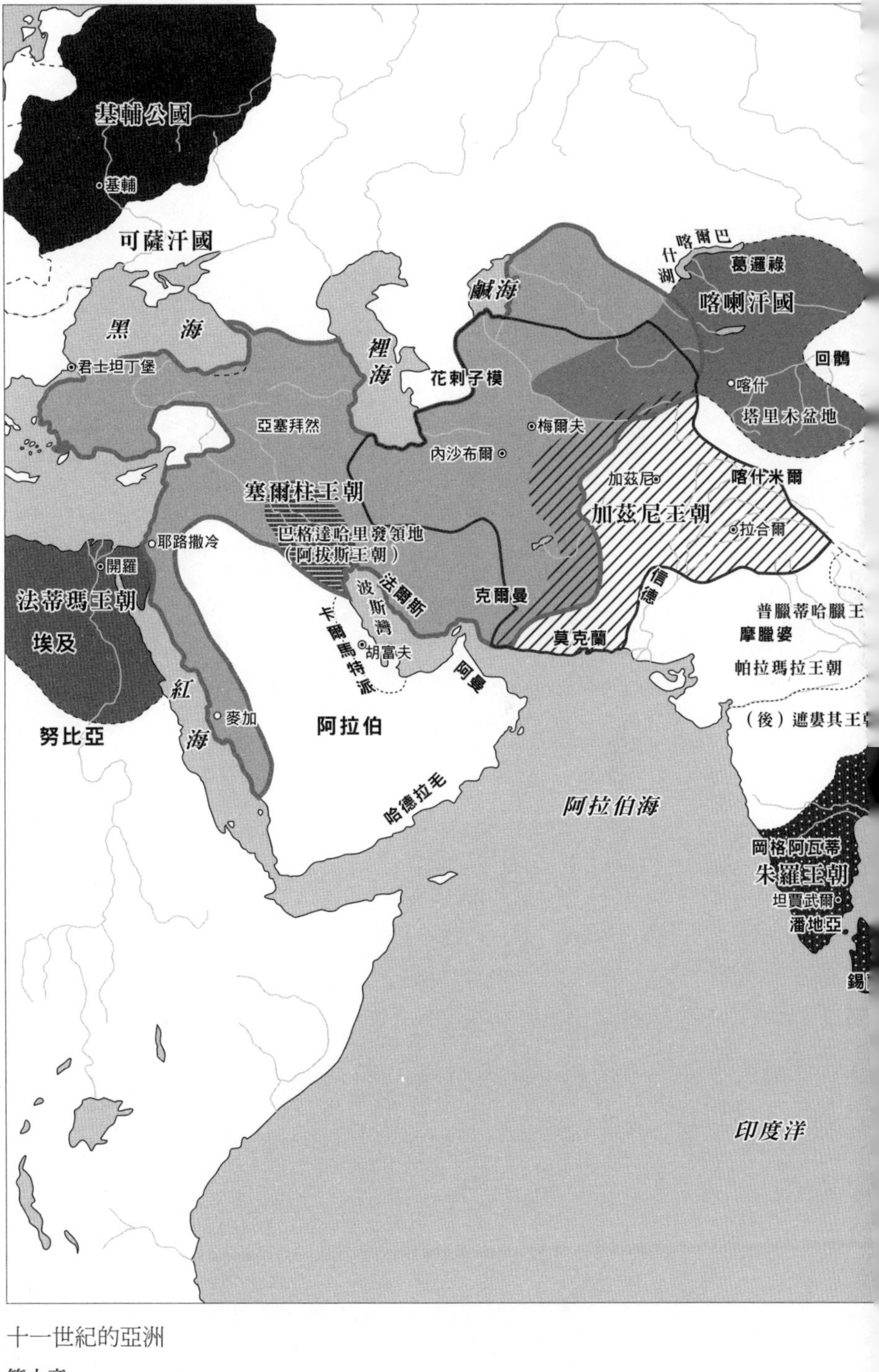
基輔公國
基輔
可薩汗國
黑　海
君士坦丁堡
裡海
鹹海
花剌子模
亞塞拜然
塞爾柱王朝
巴格達哈里發領地
（阿拔斯王朝）
耶路撒冷
開羅
法蒂瑪王朝
埃及
努比亞
紅
海
麥加
阿拉伯
波
斯
灣
法爾斯
卡爾馬特派
胡富夫
阿曼
哈德拉毛
阿拉伯海
梅爾夫
內沙布爾
克爾曼
莫克蘭
加茲尼
加茲尼王朝
拉合爾
喀什米爾
信德
什
湖
喀爾巴
葛邏祿
喀喇汗國
回鶻
喀什
塔里木盆地
普臘蒂哈臘王
摩臘婆
帕拉瑪拉王朝
（後）遮婁其王
岡格阿瓦蒂
朱羅王朝
坦賈武爾
潘地亞
錫
印度洋

十一世紀的亞洲

後記　山內志朗

全九冊的《世界哲學史》終於來到了第三冊。這一路的旅程並不平穩；畢竟，在談論世界哲學史時，設定共通的時間軸是一項相當困難的任務。原因在於同時考量世界各地的思想，頗具挑戰。如果進入十三世紀，我們可以考慮世界體系的成立，但即使在那個時代，「世界哲學」的同時性仍然難以構想。若天真地相信這種可能性，可能會忽視「哲學」活動其實受到人類條件、性質與肉體，以及時間和空間的限制。

自古以來，人類不滿足於僅在「身為人的條件」下展開思索，而是渴望認識神和天使。然而，他們又無法避免在人的條件上進行「哲學」活動。「哲學」（philosophia）這一詞源於古希臘，但哲學本質上是一種人類在作為人類的同時，尋求超越人類存在的思考方式，這種方式具有普遍性。

即使直接影響關係不易察覺，但從具有思想普遍性的人們的運作中，我們或許仍能看到一些微弱的對應現象。鎌倉時代的佛教改革運動與西方中世紀托缽修道會的活躍之間，實際上存在著難以斷言的對應；在大陸的東西端之間，流動的感覺如同微風，這或許是跳出思想迷宮的

「亞莉阿德妮的線球」（Ariadne's thread）之一端。

正如查爾斯．哈斯金斯所言，「十二世紀文藝復興」是古代文化再生的時代。然而，受到「文藝復興」（新生）概念的影響，很容易將其誤解為在古代希臘中追尋哲學的典範。簡而言之，「文藝復興」這個詞，是一個與世界哲學敵對的詞彙。因此，我們有必要脫離以「文藝復興」來掌握文化復興的框架。畢竟，從「沒有傳統，文化便無法成立」的觀點來看，沒有一個時代不是在「文藝復興」。

本書第三冊的標題為「超越與普遍」，旨在從普遍的視角來掌握作為人類活動的哲學。這種對哲學的志向令人驚嘆。

在執行「世界哲學史」這一大膽企畫的過程中，我們得到許多可謂包容的聲援與支持；身為執筆者的代表，我在此表達由衷的感謝。同時，對於接受邀請並參與撰寫的各位，我也深表感謝。還有負責編輯的松田健先生，他如同操縱無數人偶的偶戲師，將脈絡有條不紊地梳理並編輯。能品味從他巧手操作中展現出的世界哲學戲劇，實在是非常幸運。

作者簡介

山內志朗（Yamauchi, Shiro）（第一章、後記）

一九五七年生，慶應義塾大學文學部榮譽教授。東京大學大學院人文科學研究科博士課程中退。專攻西方中世紀哲學、倫理學。著有《普遍論爭》（平凡社library）、《天使的符號學》（岩波書店）、《「誤讀」的哲學》（青土社）、《小小倫理學入門》、《有感的經院哲學》（慶應義塾大學出版會）、《湯殿山的哲學》（普紐瑪社）等。

納富信留（Notomi, Noburu）（前言）

一九六五年，東京大學大學院人文社會系研究科教授兼文學部部長。東京大學大學院人文科學研究科碩士。劍橋大學研究所古典學部博士。專攻西方古代哲學。著有《詭辯者是誰？》《哲學的誕生：蘇格拉底是誰？》（筑摩學藝文庫）、《柏拉圖與哲學：閱讀對話篇》（岩波新書）等。

袴田玲（Hakamada, Rei）（第二章）

一九八二年生，岡山大學大學院社會文化科學研究科特任講師。東京大學大學院人文社會系研究科暨法國高等研究實習院碩士畢，東京大學大學院人文社會系研究科博士中退。博士（東京大學，文學）。專攻東方基督教思想。著有論文〈philokalia編纂的背景與神化概念的擴張〉（土橋茂樹編著，《善美真神之愛的各種面貌：Philokalia論考集》，教友社）、〈作為三一存在的人類：關於格雷格里烏斯・帕拉瑪斯《第六十講》中「神的形象」的理解〉（《Eikon：東方基督教研究》第四八號）等。

山崎裕子（Yamazaki, Hiroko）（第三章）

一九五三年生，文教大學國際學部教授。上智大學大學院哲學研究科博士後課程滿期退學。博士（文學，筑波大學）。專攻西方中世紀哲學、基督教倫理。著有《探尋教養的泉源：與古典的對話》（合著，創文社）、論文“Anselm and the Problem of Evil”, *Anselm Studies*, vol.2（Kraus Internatinal Publications），“God who Causes Peace and Creates Evil: The Case of Anselm of Canterbury”, *Silesian Historical- Theological Studies*, 47(1)等。

永嶋哲也（Nagashima, Tetsuya）（第四章）

一九六八年生，福岡齒科大學口腔齒學部教授。九州大學大學院博士課程中退，廣島大學研究所博士。專攻西方中世紀語言哲學。著有《中世紀的制度與知識》（合著，知泉書館）、《探尋教養的泉源：與古典的對話》（合著，創文社）、《哲學的歷史》第三卷（合著，中央公論新社）、《西方哲學史Ⅱ》（合著，講談社叢書metier）等。

關澤和泉（Sekizawa, Izumi）（第五章）

一九七二年生，東日本國際大學高等教育研究開發中心教授。京都大學文學研究科思想文化學、西方哲學史（中世紀）碩士，巴黎第七大學研究所博士（理論、記述、機械語言學）。專攻語言學史、西方中世紀思想史、高等教育論。著有論文〈Accessus系文本是由十三世紀大學的「三個方針」流傳下來的嗎？〉（《中世思想研究》五七號）、〈論歐洲接納漢字的初期型態〉（《研究東洋》五號）等。

菊地達也（Kikuchi, Tatsuya）（第六章）

一九六九年生，東京大學大學院人文社會系研究科教授。東京大學大學院人文社會系研究科博士。專攻伊斯蘭思想史。著有《伊斯瑪儀派的神話與哲學：伊斯蘭少數派思想史之研究》

（岩波書店）、《伊斯蘭教：「異端」與「正統」的思想史》（講談社選書metier）等。

周藤多紀（Sutou, Taki）（第七章）

一九七三年生，京都大學大學院文學研究科副教授。京都大學大學院文學研究科博士、聖路易大學研究所哲學科博士。專攻西方中世紀哲學。著有*Boethius on Mind, Grammar and Logic: A Study of Boethius' Commentaries on Peri Hermeneias*（Brill），《西方哲學史Ⅱ》（合著，講談社叢書metier）等。

志野好伸（Shino, Yoshinobu）（第八章）

一九七〇年生，明治大學文學部教授。東京大學大學院人文科學研究科博士。專攻中國哲學。著有《從關鍵字讀中國古典3：聖與狂：聖人、真人、狂者》（合著，法政大學出版局）、《現在，哲學正要開始：來自明大文學部的挑戰》（合著，明治大學出版會）等。

片岡啟（Kataoka, Kei）（第九章）

一九六九年生，九州大學大學院人文科學研究院副教授。東京大學大學院人文社會系研究科博士中退。博士（文學）。專攻印度哲學。著有《彌曼差研究序說》（九州大學出版會）、

Kumarila on Truth, Omniscience, and Killing（Vertag der Osterreichischen Akademie der Wissenschaften）等。

阿部龍一（Abe, Ryuuichi）（第十章）

一九五四年生，哈佛大學東亞語言文化學部教授、哈佛大學賴肖爾日本研究所日本宗教負責教授。前哥倫比亞大學宗教學部長。慶應大學經濟學部畢業、約翰霍普金斯大學碩士（國際關係論）、哥倫比亞大學哲學碩士、博士。專攻密教史、佛教與文學、美術。著有*The Weaving of Mantra*（《真言的布質》，哥倫比亞大學出版社）〈《聾瞽指歸》之再評論與山林之論述〉（根本誠二等編，《奈良平安時代的「知」之相關》，岩田書院）等。

藪本將典（Yabumoto, Masanori）（專欄一）

一九七九年生，慶應義塾大學法學部副教授。慶應義塾大學大學院法學研究科博士後課程中退。專攻西方中世紀法史。著有論文〈「友愛」（amitie）與「名譽」（honneur）：圍繞巴黎和約（一二二九年）的紛爭處理之架構〉（《法學研究》八五卷一〇、一一號）、〈自治都市土魯斯的上訴制確立與卡佩王朝時期親王領政策的各面相：以執政官府與伯爵代官抗爭圍繞上訴審判權之抗爭為中心〉（同八五卷四號）等。

金山彌平（Kanayama, Yasuhira）（**專欄二**）

一九五五年生，名古屋大學人文學研究科教授。京都大學大學院文學研究科博士後哲學專攻（西方哲學史）畢。京都大學博士（文學）。專攻西方古代哲學。著有*Soul and Mind in Greek Thought*（合編著，Springer）、譯有隆恩（Anthony Long）的《希臘化哲學》（京都大學學術出版會）、茱莉・亞那（Julia Annas）與喬納森・巴恩斯（Jonathan barnes）的《古代懷疑主義入門：判斷保留的十種方式》（岩波文庫）等。

高橋英海（Takahashi, Hidemitsu）（**專欄三**）

一九六五年生，東京大學大學院總合文化研究科教授。東京大學大學院人文科學研究科碩士畢。法蘭克福大學東洋學博士。專攻敘利亞語文獻學。著有*Aristotelian Meteorology in Syriac*（Brill）等。

大月康弘（Ootsuki, Yasuhiro）（**專欄四**）

一九六二年生，一橋大學大學院經濟學研究科教授。一橋大學大學院經濟學研究科博士後畢，博士（經濟學）。專攻經濟史、西方中世紀史、拜占庭學。著有《拜占庭：帝國與慈善》、《歐洲：時空的交錯點》（創文社），譯有《使君士坦丁堡記》（知泉書館）等。

年表

＊粗體字為哲學相關事項

年代（西元）	歐洲	北非、西亞、印度	中國	日本
600 年	七世紀上半葉，依西多祿撰寫《詞源》。	606 年，印度戒日王朝成立（-647 年） **七世紀上半葉統一西藏的松贊干布引進佛教。**		**604 年，十七條憲法制定。** 607 年小野妹子渡海來到隋朝
610 年	613 年，聖加倫修道院創立。	610 年，穆罕默德接受真主的啟示。	618 隋朝滅亡，唐朝成立（-907 年）。	610 年，高句麗的僧侶曇徵，將紙與墨的製法傳入日本。 615 年，聖德太子撰寫《法華義疏》。
620 年	基督一志論（Monothelitism）爭議爆發（-681 年）。	622 年，希吉拉（聖遷），穆罕默德由麥加遷往麥地那。	629 年，玄奘為求法前往印度（-645 年）。	
630 年		**632 年，穆罕默德逝世，正統哈里發時代開始（-661 年）。**	635 年，聶斯托留派（景教）傳入中國。 638 年，慧能誕生（-713 年）	
640 年	640 年，教宗瑪爾定一世，召開拉特蘭公會議。 649 年，約翰·克利馬庫斯逝世。			645 年，大化革新開始。

年代（西元）	歐洲	北非、西亞、印度	中國	日本
		650年，《古蘭經》彙整為現在的形式。 651年，薩珊波斯滅亡。 656年，阿里成為第四任正統哈里發（-661年）。第一次內亂爆發。	653年，孔穎達發表《五經正義》。	652年，班田收授法實施。
660年	662年，認信者馬克西姆逝世。	661年，伍麥亞王朝成立（-750年）。	663年，白村江之戰。 668年，唐朝消滅高句麗。	
670年	674年，包圍君士坦丁堡的伊斯蘭軍隊遭到擊退。 676年，大馬士革的聖約翰誕生（-749年）。		676年，新羅擊敗唐朝，統一朝鮮半島。	672年，壬申之亂。
680年	680年，第三次君士坦丁堡公會議召開（-681）。	680年，卡爾巴拉事件。	684年，神會誕生（-758年）。	
690年			694年，摩尼教在中國傳播。	
710年	711年，伊斯蘭軍開始征服伊比利半島。 717年，伊斯蘭軍再包圍君士坦丁堡，又遭擊退（-718年）。		約712年，《傳法寶紀》成書。	710年，遷都平城京。 712年，《古事記》成書。

年代（西元）	歐洲	北非、西亞、印度	中國	日本
720 年	拜占庭皇帝利奧三世發布禁止聖像令，聖像破壞運動（iconoclasim）開始（最終結束於 843 年）。			720 年，《日本書紀》成書。
730 年	732 年，圖爾之戰，法蘭克軍擊敗穆斯林軍。			
740 年		749 年，阿拔斯王朝成立（-1258 年）。		
750 年	751/752 年，加洛林王朝成立。756 年，後伍麥亞王朝獨立，定都哥多華（-1031 年）。	750 年，帕拉王朝在孟加拉興起。	755 年，安史之亂（-763 年）。	752 年，東大大佛開眼供養。753 年，唐朝僧侶鑑真抵達太宰府。
760 年		765 年，賈法爾·薩迪克逝世。圍繞後繼問題，誕生了伊斯瑪儀派等分派集團。	768 年，韓愈誕生（-824 年）。	766 年，最澄誕生（-822 年）。
770 年			773 年，柳宗元誕生（-819 年）。	774 年，空海誕生（-835 年）。
780 年	781 年，阿爾琴來到亞琛的法蘭克王國宮廷學校，加洛林文藝復興開始。787 年，第二次尼西亞公會議召開。		780 年，宗密誕生（-841 年）。	

年代（西元）	歐洲	北非、西亞、印度	中國	日本
790 年				794 年，遷都平安京
800 年	800 年，查理曼加冕為西羅馬皇帝 約 801 年，約翰・司各脫誕生（-877 年以降）。	約 800 年，肯迪誕生（-870 年以降）。	約 806 年，白居易完成《長恨歌》。	801 年，征夷大將軍坂上田村麻呂向陸奧進軍。 805 年，最澄從唐朝歸國。 806 年，空海從唐朝歸國。
810 年				814-827 年，《凌雲集》（814 年）、《文華秀麗集》（818 年）、《經國集》（827 年）等御製漢詩集陸續成書。
820 年	820 年，佛提烏誕生（-897 年）。			約 820 年，空海撰寫《文鏡眼心抄》
830 年		833 年，阿拔斯王朝展開「米夫那」（異端審問）（-848 年）。		830 年，在淳和天皇命令下，空海寫成代表作〈十住心論〉〈祕藏寶鑰〉。 838 年，日本最後一次派遣遣唐使。
840 年	843 年，凡爾登條約，將法蘭克王國一分為三。	九世紀中葉，朱羅王朝在泰米爾地區復興（-十三世紀）。	845 年，會昌法難（唐武宗對佛教的鎮壓）、摩尼教鎮壓。	842 年，承和之變。

年代（西元）	歐洲	北非、西亞、印度	中國	日本
870 年		約 870 年，法拉比誕生（-950 年）。	875 年，黃巢之亂（-884 年）。	
900 年		909 年，法蒂瑪王朝成立（-1171 年）。	904 年，延壽誕生（-975）。 907 年，朱全忠滅亡唐朝，五代十國時代開始（-960 年）。	905 年，《古今和歌集》編纂完成。
910 年	910 年，克呂尼修道院成立。 919 年，薩克森王朝開始（-1024 年）。			
940 年	949 年，新神學家西蒙誕生（-1022 年）。			
960 年	962 年，薩克森王朝鄂圖一世加冕，神聖羅馬帝國成立（-1806 年）。	962 年，加茲尼王朝在阿富汗成立（-1186 年） 969 年，法蒂瑪王朝征服埃及。	960 年，宋（北宋）成立（-1127 年）。	
980 年	法蘭西卡佩王朝成立（-1328）。	980 年，伊本．西那（阿維森那）誕生（-1037 年）。	983 年，《太平御覽》成書。	985 年，源信《往生要集》成書。
1000 年				約 1008 年，《源氏物語》成書
1010 年	1018 年，普塞洛斯誕生（-1081 年以降？）。	1010 年，《列王記》成書。	1017 年，周敦頤誕生（-1073 年）。	1016 年，藤原道長成為攝政。

年代（西元）	歐洲	北非、西亞、印度	中國	日本
1020年			1020年，張載誕生（-1077年）。	
1030年		1038年，塞爾柱王朝成立（-1194年）。	1032年，程顥誕生（-1085年）。1033年，程頤誕生（-1107年）	
1040年		1048年，奧瑪・開儼誕生（-1131年）。	約1041年，畢昇發明活字印刷。	
1050年	1054年，東西教會互相開除對方教籍。	1056年，穆拉比特王朝成立（-1147年）。1058年，安薩里誕生（-1111年）。		
1060年	1066年，諾曼人征服英國，諾曼王朝成立（-1154年）。		1060年，歐陽修《新唐書》撰成。	
1070年	1075年，聖職任命權鬥爭（-1122年）。1077年，卡諾沙之辱。1079年，亞貝拉誕生（-1142年）			
1080年	約1088年，波隆那大學創立（法學）。		1084年，司馬光《資治通鑑》編纂完畢。	1086年，白河上皇開始院政。

年代（西元）	歐洲	北非、西亞、印度	中國	日本
1090年	約1090年，孔什的威廉誕生（-1154左右）。約1090年，伯爾納鐸誕生（-1153年）。1093年，坎特伯里的安色莫，成為坎特伯里大主教。1095年，教皇烏爾班二世呼籲派遣十字軍。1096年，第一次十字軍（-1099年）。約1096年，聖維克托的休格誕生（-約1141年）。	十一世紀末，在孟加拉，塞納王朝取帕拉王朝而代之。1096年，伊斯瑪儀派暗殺了尼札姆·穆勒克。1099年，十字軍占領耶路撒冷		
1100年	約1100年，伯納德·西爾維斯特里斯誕生（-約1160年）。			
1120年	1126年，伊本·魯世德（阿威羅伊）誕生（-1198年）。		1125年，《碧巖錄》成書。1127年，南宋成立（-1279年）。	1124年，中尊寺金色堂建立。
1130年		1130年，穆瓦希德王朝成立（-1269年）。	1130年，朱熹誕生（-1200）1139年，陸九淵誕生（-1193年）。	1133年，法然誕生（-1212年）。

年代（西元）	歐洲	北非、西亞、印度	中國	日本
1140年	1147年，第二次十字軍（-1149年）。	約1148年，古爾王朝獨立，從加茲尼王朝分離出來（-1215年）。		
1150年	**約1150年，彼得·隆巴《四部語錄》刊行。** 1154年，英國金雀花王朝成立（-1399年）。 **十二世紀中葉亞里斯多德著作移入西歐。**		1159年，陳淳誕生（-1223年）。	**1155年，慈圓誕生（-1225年）。** 1156年，保元之亂。 1159年，平治之亂。
1160年		**1165年，伊本·阿拉比在穆爾西亞誕生（-1240年）** 1169年，艾尤布王朝成立（-1250年）	1167年，王重陽創立全真教	1167年，平清盛就任太政大臣
1170年		約1179年，年輕的伊本·阿拉比遇見阿威羅伊。		1173年，親鸞誕生（-1262年）。
1180年	1189年，第三次十字軍（-1192年）。	1191年，薩拉丁下令處死蘇赫瓦爾迪。		1185年，平氏滅亡。
1190年	1198年，英諾森三世被選為羅馬教皇，教皇權力達到頂點。			1192年，源賴朝就任征夷大將軍
1200年	1204年，第四次十字軍占領君士坦丁堡，建立拉丁帝國。	1206年，艾伊拜克在德里建立奴隸王朝，控制北印度（-1290年）。	1206年，成吉思汗建立蒙古帝國。	1200年，道元誕生（-1253年）。

年代（西元）	歐洲	北非、西亞、印度	中國	日本
1220年		約1221年，成吉思汗軍隊入侵印度。此後，蒙古軍頻繁入侵北印度。		1221年，承久之亂。 約1221年，《平家物語》成書。 1222年，日蓮誕生（-1282年）。
1230年	1232年，納斯爾王朝在格拉納達成立（-1492）。			
1260年	1261年，君士坦丁堡奪回，拜占庭帝國重興。巴利奧略王朝開始（-1453年，拜占庭帝國滅亡）。 約1265年，多瑪斯・阿奎那開始撰寫《神學大全》。			約1266年，《吾妻鏡》成書。
1270年			1271年，忽必烈汗建國號為大元（元）（-1368年）。	1274年，文永之役。
1290年	1296年，格雷格利烏斯・帕拉瑪斯誕生（-1357/9年）。	1299年，鄂圖曼土耳其興起（-1922年）。		
1330年	約1337年，靜修論爭（-1351年）。			
1360年	約1360年，卜列東誕生（1452年）。			

國家圖書館出版品預行編目(CIP)資料

世界哲學史. 3, 中世紀篇. I, 中世紀哲學的革命 : 超越與普遍 / 伊藤邦武, 山內志朗, 中島隆博, 納富信留, 袴田玲, 山崎裕子, 永嶋哲也, 關澤和泉, 菊地達也, 周藤多紀, 志野好伸, 片岡啟, 阿部龍一, 藪本將典, 金山彌平, 高橋英海, 大月康弘著 ; 鄭天恩譯. -- 初版. -- 新北市 : 黑體文化, 遠足文化事業股份有限公司, 2025.01
　面；　公分.--(空盒子 ; 6)
ISBN 978-626-7512-37-1(平裝)

1.CST: 哲學史 2.CST: 文集

109　　113018619

黑體文化　讀者回函

空盒子6

世界哲學史3中世紀篇（Ｉ）——中世紀哲學的革命：超越與普遍
世界哲学史3中世I超越と普遍に向けて

作者・山內志朗、納富信留、袴田玲、山崎裕子、永嶋哲也、關澤和泉、菊地達也、周藤多紀、志野好伸、片岡啟、阿部龍一、藪本將典、金山彌平、高橋英海、大月康弘｜編者・伊藤邦武、山內志朗、中島隆博、納富信留｜譯者・鄭天恩｜監譯・山村奨｜責任編輯・涂育誠｜美術設計・林宜賢｜出版・黑體文化／遠足文化事業股份有限公司｜總編輯・龍傑娣｜發行・遠足文化事業股份有限公司（讀書共和國出版集團）｜地址・23141新北市新店區民權路108之2號9樓｜電話・02-2218-1417｜傳真・02-2218-8057｜客服專線・0800-221-029｜客服信箱・service@bookrep.com.tw｜官方網站・http://www.bookrep.com.tw｜法律顧問・華洋法律事務所・蘇文生律師｜印刷・中原造像股份有限公司｜排版・菩薩蠻數位文化有限公司｜初版・2025年1月｜定價・450元｜ISBN・9786267512371・9786267512494（EPUB）・786267512487（PDF）｜書號・2WVB0006